国家社会科学基金项目"中俄共同保障粮食安全问题研究"（批准号 :14BGJ015）

最终成果

黑龙江大学对俄问题研究专项项目
"新形势下中俄经贸合作态势及其重大法律问题研究"（项目编号：DE1903）

教育部人文社会科学重点研究基地重大项目
"'一带一路'框架下中俄全面合作机制、模式和路径研究"（项目编号：17JJDGJW004）

阶段性成果

黑龙江省"头雁"团队"大数据驱动的当代俄语学研究创新团队"
中俄全面战略协作省部共建协同创新中心
教育部批准备案的黑龙江大学中俄人文交流研究中心

学术丛书

中俄共同保障粮食安全问题研究

STUDY ON THE ISSUE OF
FOOD SECURITY JOINTLY GUARANTEED
BY CHINA AND RUSSIA

姜振军 著

社会科学文献出版社
SOCIAL SCIENCES ACADEMIC PRESS (CHINA)

导　言

粮食安全始终是事关国家经济稳步发展、社会长治久安的一个富有全局性的重大战略问题。党的十九大报告提出，"确保国家粮食安全，把中国人的饭碗牢牢端在自己手中"。2018 年 9 月，习近平总书记在东北三省考察时指出："中国粮食！中国饭碗！" 2019 年 9 月，习近平总书记强调，要扎实实施乡村振兴战略，积极推进农业供给侧结构性改革，牢牢抓住粮食这个核心竞争力。为此，我们必须采取一切行之有效的措施来保障国家粮食安全，牢固树立科学的粮食安全观，不断增强国家粮食安全的保障能力，使国家粮食安全得到应有的保障。

随着世界人口数量的不断增加、异常天气出现频率和病虫害发生次数的增加，世界粮食安全问题日益变得严峻。有关专家运用国际组织和相关机构的数据，对 28 种不同指数进行两年的跟踪研究，制作了世界 109 个国家粮食安全指数排名表。该指数有助于各国分析其经济社会政策及制订完善措施。①

从世界各国粮食安全指数（2018 年）来看，113 个国家中有 52 个国家的粮食安全指数在 60 分以上，占 46%；其余 54% 的国家粮食安全存在较大或更大的安全风险。中国和俄罗斯的粮食安全指数分别为 65.1 分和 67.0 分，列第 46 位和第 42 位，处于中等偏上的位置。这表明，中俄两国粮食安全指数与两国实际粮食安全状况基本一致。

---

① Индекс продовольственной безопасности стран мира. https：//gtmarket. ru/ratings/global – food – security – index/info.

一 粮食安全的内涵

随着时代的演变和世界人口的持续增长，粮食安全的内涵发生了变化，其安全所涉及的要素以及每个要素的阈值均在不断变化。粮食安全的主体、质与量在不同国家、不同时期的侧重点均不完全一致。

联合国粮农组织认为，只有当所有人在任何时候都能在物质、经济上获得足够、安全和富有营养的粮食，来满足其积极、健康生活的膳食需求及食物爱好时，才实现了粮食安全；中国认为，粮食安全是指能够有效地供给全体居民数量充足、结构合理、质量达标的包括粮食在内的各种食物；俄罗斯对国家粮食安全的定义是，国家粮食安全是国家有能力不受内外部威胁，依靠相应的资源、潜力和保障措施来满足居民对符合通行标准的食品数量、质量和品种的需求。

二 粮食安全的主体

从安全主体来看，粮食安全包括"国家粮食安全"、"家庭粮食安全"和"个人营养安全"。"国家粮食安全"是最重要的基础安全，是"家庭粮食安全"和"个人营养安全"的根本保证。"家庭粮食安全"是"国家粮食安全"的基本目标，"个人营养安全"是"国家粮食安全"的终极追求目标。国家、家庭和个人是粮食安全的三个主体。

三 粮食安全的"质"和"量"

从粮食安全的"质"和"量"来看，粮食安全包括"数量安全"、"质量安全"和"生态安全"。"数量安全"是粮食安全最基本的要求，"质量安全"与"生态安全"的关系是粮食的品质和营养状况与农作物生长环境的关系。

四 世界粮食安全形势

粮食不仅是关系国计民生和国家经济安全的重要战略物资，还是各国居民最基本的生活资料。目前，由于极端天气频繁发生，世界粮食产量和质量受到严重影响，重大突发公共卫生事件引发公众对粮食安全的担忧，越南、埃及、俄罗斯、塞尔维亚、柬埔寨等国宣布禁止大米、小米等农产品出口，导致国际市场粮食供应可能不够充裕且不够稳定，世界粮食安全风险指数不断上升，各国粮食安全保障面临极大的考验。2015～2016年，全世界遭受严重的粮食不安全状况的人数从8000万人急剧增长到1.08亿人，并且表现出持续增多的趋势。之所以出现这种状况，主要是由天灾所致，也存在人为因素。天灾主要是厄尔尼诺现象等异常气候带来的干旱和变化不定的降雨等极端天气造成的。人祸主要包括各种局部冲突、市场食品价格剧涨等。在10个最严重的人道主义危机中，有9个是由内部民族、种族、派系利益集团之间的冲突所致，这恰恰表明了和平安定与粮食安全是息息相关的。南苏丹、索马里、也门、尼日利亚、伊拉克、叙利亚、马拉维和津巴布韦等国家的粮食安全形势令人担忧。[①]

世界粮农组织评估显示，到2050年，粮食短缺导致的粮食消费需求将增长70%～100%。该组织预测，未来世界农业产量将呈现减少趋势，2030年农业年度增产量将比2010年减少33.33%。在这种背景下，食品安全问题将更加凸显。一般情况下，仅从数量供给上来说，如果一个国家粮食安全有保障，则其食品安全得到保障的可能性较大。

五　中俄粮食安全状况

与严峻的世界粮食安全形势相比，中俄粮食安全状况良好。中俄粮食安全状况比较稳定，主要体现为两国的年人均粮食占有指数大多数年份接近或超过安全阈值。不过，由于受诸多内外部不利因素的影响和威胁，在不出现极端不可抗力的情况下，中俄粮食安全状况不会发生大的变化，基本处于安全可控范围之内。

六　中俄农业产业化合作

在美国等西方国家与中国、俄罗斯贸易摩擦的背景下，在中俄步入新时

---

① 《全球1亿多人面临严重粮食安全问题》，《经济日报》2017年4月11日。

代全面战略协作伙伴关系的历史条件下,在《中国东北地区和俄罗斯远东及贝加尔地区农业发展规划》(2018 年)、《关于深化中俄大豆合作的发展规划》和《中俄在俄罗斯远东地区合作发展规划(2018—2024 年)》(见附录)的框架下,双方将共同建设一系列粮食、油料加工、畜牧和渔业等综合体,共同扩大大豆和水稻生产规模,扩大蔬菜种植面积,联合建设牲畜和渔业养殖场,联合生产高附加值农产品。双方还将共同发展农产品跨境物流基础设施建设,采用农业创新技术和科研成果。中俄农业合作将取得长足进展,农业产业化合作将不断深入,为中俄共同保障粮食安全奠定坚实的物质基础。

目　录

第一章　粮食安全的内涵与中俄粮食安全状况 …………………… 1

第一节　粮食安全内涵 ……………………………………………… 1

第二节　世界粮食安全状况 ………………………………………… 2

第三节　中俄粮食安全状况 ……………………………………… 10

第二章　中俄粮食安全面临的威胁 ……………………………… 36

第一节　中国粮食安全面临的威胁 ……………………………… 36

第二节　俄罗斯粮食安全面临的风险和威胁 …………………… 44

第三章　中俄共同保障粮食安全的现实基础 …………………… 50

第一节　地缘区位优势 …………………………………………… 51

第二节　要素禀赋互补 …………………………………………… 58

第三节　长期稳定的双边农业合作基础 ………………………… 61

第四节　两国政府高度重视 ……………………………………… 66

第五节　坚实的双边政治关系 …………………………………… 68

第六节　稳步发展的双边经贸合作 ……………………………… 69

第七节　便捷的国际跨境物流通道 ……………………………… 77

第四章　中俄共同保障粮食安全的主要任务 …………………… 86

第一节　中国保障粮食安全的主要任务 ………………………… 86

第二节 俄罗斯保障粮食安全的主要任务 …………………………… 99

第五章 影响中俄共同保障粮食安全的因素 ……………………… 121
　　第一节 影响中俄共同保障粮食安全的外部因素 ………… 121
　　第二节 影响中俄共同保障粮食安全的内部因素 ………… 128

第六章 中俄共同保障粮食安全的合作路径与建议 ……………… 135
　　第一节 中俄共同保障粮食安全的农业产业化合作路径 …… 135
　　第二节 中俄共同保障粮食安全的建议 …………………… 140

结 论 ………………………………………………………… 164

参考文献 ……………………………………………………… 169

附录 中俄在俄罗斯远东地区合作发展规划（2018—2024 年） ……… 175

| 第一章 |
粮食安全的内涵与中俄粮食安全状况

与世界粮食安全严峻的形势相比，中俄粮食安全状况良好。中俄粮食安全形势良好，主要体现为两国的年人均粮食占有指数大多接近或超过安全阈值。不过，中俄粮食安全也面临着诸多内外部不利因素的影响和威胁。在不出现极端不可抗力的情况下，中俄粮食安全状况不会发生大的变化，基本处于安全可控范围之内。

当前中国粮食安全形势总体是好的，粮食综合生产能力稳步提高，食物供给日益丰富，供需基本平衡。但中国人口众多，对粮食的需求量大，粮食安全的基础比较脆弱。未来中国粮食消费需求将呈刚性增长，粮食的供需将长期处于紧平衡状态，保障粮食安全面临严峻挑战。[1]

第一节　粮食安全内涵

随着时代的演变和世界人口的持续增长，粮食安全的内涵发生了变化，其安全所涉及的要素以及每个要素的阈值均在不断变化。粮食安全的主体、质与量在不同时期、不同国家的侧重点都不尽相同。

一　粮食安全定义

现代意义上的"粮食安全"是源于20世纪70年代发生的世界粮食危

---

[1] 《国家粮食安全中长期规划纲要（2008—2020年）》，http：//www.gov.cn/jrzg/2008 – 11/ 13/content_ 1148414. htm。

机，当时全世界粮食急剧减产，粮食储备由18%下降至14%，导致国际市场粮食价格暴涨两倍，出现了第二次世界大战后最严重的粮食危机。粮食安全的内涵随着时代的发展而不断演变。联合国粮农组织于20世纪70、80和90年代对粮食安全的内涵进行了界定。粮食安全（1974年）是指保证任何人在任何时候都能得到为了生存和健康所需要的足够粮食；粮食安全（1983年）是指确保所有人在任何时候能够买得到，也能够买得起自己所需的基本食物；粮食安全（1996年）是指只有当所有人在任何时候都能在物质上和经济上获得足够、安全和富有营养的粮食来满足其积极、健康生活的膳食需求及食物爱好时，才实现了粮食安全。[①] 1992年，我国将粮食安全定义为，能够有效地提供全体居民以数量充足、结构合理、质量达标的包括粮食在内的各种食物。[②]

二 粮食安全主体

从安全主体来看，粮食安全包括"国家粮食安全"、"家庭粮食安全"和"个人营养安全"。"国家粮食安全"是最重要的基础安全，是"家庭粮食安全"和"个人营养安全"的根本保证。"家庭粮食安全"是"国家粮食安全"的基本目标，"个人营养安全"是"国家粮食安全"的终极追求目标。这里主要论述俄罗斯的整体粮食安全问题，包括国家、家庭和个人三个安全主体。从安全的"质"和"量"来看，粮食安全包括"数量安全"、"质量安全"和"生态安全"。"数量安全"是粮食安全最基本的要求，"质量安全"与"生态安全"的关系是粮食的品质和营养状况与农作物生长环境的关系。[③]

第二节　世界粮食安全状况

常言道："民以食为天。"百姓温饱是一个国家社会安定的重要前提。粮食不仅是关系国计民生和国家经济安全的重要战略物资，还是各国居民最

[①] 郑少华：《新形势下的我国粮食安全问题研究》，《湘潮》（下半月）2012年第1期。
[②] 王敏燕：《浅谈粮食安全风险防范——以杭州为例》，《时代金融》（下旬刊）2012年第2期。
[③] 郑少华：《新形势下的我国粮食安全问题研究》，《湘潮》（下半月）2012年第1期。

基本的生活资料。目前，由于极端天气频繁发生，粮食产量和质量受到严重影响，市场供应不尽充裕，世界粮食安全风险指数不断上升，各国粮食安全保障面临极大考验。

一　粮食安全系数

1974 年 11 月，联合国粮农组织在意大利罗马召开第一次世界粮食首脑会议，通过了《世界粮食安全国际公约》，首次对"粮食安全"概念给出定义。粮食安全是指保证任何人在任何时候都能得到为了生存和健康所需要的足够食物。同时提出了世界谷物年末最低安全系数：当年末谷物库存量至少相当于次年谷物消费量的 17% ~ 18%。一个国家谷物库存安全系数低于 17%，则为谷物不安全；低于 14%，则为进入紧急状态。1996 年在罗马召开的第二次世界粮食首脑会议，重新定义了"粮食安全"：只有当所有人在任何时候都能在物质上和经济上获得足够、安全、富有营养的粮食来满足其积极、健康生活的膳食需要及食物喜好时，才可谓实现了粮食安全，其中包括个人、家庭、国家、区域和世界等级别的粮食安全。

二　粮食安全风险指数

联合国世界粮食计划署 2010 年 8 月 18 日公布的"2010 年粮食安全风险指数"显示，阿富汗和非洲 9 个国家出现粮食短缺的风险最高，而北美、欧洲，尤其是斯堪的纳维亚半岛地区有充足、可靠的粮食供应。北美及北欧的发达经济体，如芬兰、瑞典、丹麦和挪威等国粮食充裕。被评为"极度高风险"的国家中，阿富汗居首位，随后依次是刚果（金）、布隆迪、厄立特里亚、苏丹、埃塞俄比亚、安哥拉、利比里亚、乍得和津巴布韦。被评为"高风险"国家的有孟加拉国（第 23 位）、巴基斯坦（第 30 位）、印度（第 31 位）、菲律宾（第 52 位）。在粮食风险最高的 50 个国家中，有 36 个位于撒哈拉以南的非洲地区。而中国排在第 96 位，被列入"中度风险"国家之列。①

---

① 《世界粮食计划署公布 2010 年粮食安全风险指数》，《人口导报》2010 年 8 月 30 日。

英国著名风险分析公司 Maplecroft 于 2011 年 8 月公布了 "2011 年粮食安全风险指数"，这是在对全球 196 个国家粮食供应的充足性和稳定性进行调查后得出的数据。这份数据显示，刚果和索马里风险最高，中国风险中等。在很多关键性因素的综合影响下，"非洲之角"的粮食危机一直在加剧，其中包括索马里（风险指数第 1）、厄立特里亚（风险指数第 4）、埃塞俄比亚（风险指数第 7）和吉布提（风险指数第 14）。这些国家以及撒哈拉沙漠以南国家的粮食安全性极端脆弱。作为一个新兴的经济发展体，印度仍有上亿人处于贫困饥饿的状态。印度所有儿童中约有一半遭遇了营养不良的问题。作为发达国家的西班牙和葡萄牙也被列入了食品安全中等风险国家的行列，对粮食进口的依赖非常严重。西班牙每年要进口 110 亿公斤的粮食，支出资金多达 26 亿美元；葡萄牙也要花费 8.9 亿美元购买 33 亿公斤的粮食才能满足国内需求。[1]

三 世界粮食安全状况

联合国粮农组织发布的《2013 年世界粮食不安全状况》报告指出，2011～2013 年，全世界共有约 8.42 亿人口（占世界总人口 1/8 以上）长期饥饿，无法获得充足的食物以维持正常的生活。可见，世界粮食安全形势依然严峻。联合国粮农组织等多家机构联合发布的《2017 年全球粮食危机》报告指出，尽管为解决粮食问题，国际社会做出了巨大的努力，但全球受到严重粮食不安全状况威胁的人数仍在大幅度地增长。2015～2016 年，全球面临严重粮食不安全状况的人数从 8000 万人陡然上涨到 1.08 亿人，并且呈现出不断增长的态势。出现这种状况的主要原因既有天灾，也有人祸。天灾主要是如厄尔尼诺现象等异常气候导致的干旱和降雨不稳定等极端天气。人祸包括各种冲突、市场食品价格暴涨等。在 10 个最严重的人道主义危机中有 9 个是由内部冲突所致，这充分说明了和平与粮食安全之间的密切联系。南苏丹、索马里、也门、尼日利亚、伊拉克、叙利亚、马拉维和津巴布韦等

---

① 《2011 年粮食安全风险指数发布　中国风险中等》，http：//news. aweb. com. cn/2011/9/2. html。

国家的粮食安全形势令人担忧。①

据联合国粮农组织估计，到 2050 年粮食短缺会导致粮食需求增加 70%~100%。该组织预测，未来世界农业产量将呈现减少趋势，到 2030 年农业年度增产量将比 2010 年减少 33.33%。在这种情况下，食品安全问题将更加凸显。一般情况下，仅从数量供给来说，如果一个国家粮食安全有保障，则其食品安全得到保障的可能性较大。

我们运用国际组织和相关机构的数据，对 28 种不同指数进行两年的跟踪研究，得出世界 109 个国家粮食安全指数②排名表。该指数可用于分析各国经济社会政策及制订完善措施时的相关问题。③ 我们以 2016 年和 2018 年为例来看一下世界各国粮食安全指数的变化情况。2016 年，世界 109 个国家中有 52 个国家的粮食安全指数在 60 分以上，接近半数。这意味着，世界各国中有近 50% 国家的粮食安全存在较大或更大风险。中国和俄罗斯的粮食安全指数分别为 64.2 分和 63.8 分，位列第 42 和第 43，处于中等偏上水平（见图 1-1）。这表明，两国粮食安全指数与两国实际粮食安全状况是一致的。2018 年 10 月英国《经济学人》杂志公布的《2018 年全球粮食安全指数报告》指出，2018 年世界 113 个国家中有 52 个国家的粮食安全指数在 60 分以上，占 46%；其余 54% 国家的粮食安全存在较大或更大风险。中国和俄罗斯的粮食安全指数分别为 65.1 分和 67.0 分，列第 46 位和第 42 位，处于中等偏上。这表明，中俄两国粮食安全指数与两国实际粮食安全状况基本一致。

2019 年，世界粮食安全指数排名前十的国家——新加坡、爱尔兰、美国、瑞士、芬兰、挪威、瑞典、加拿大、荷兰、奥地利（芬兰和挪威并列第五），多数是富裕的欧美发达国家。这表明，一国粮食安全状况与其国家经济实力紧密相关。2019 年，109 个国家中有 69 个国家的粮食安全指数在

---

① 《全球 1 亿多人面临严重粮食安全问题》，《经济日报》2017 年 4 月 11 日。

② 此报告自 2012 年开始一年发布一次，利用联合国相关统计资料及数据，通过粮食购买力、供应力、品质与安全、自然资源与韧性四个指标来综合计算各国粮食安全指数，以衡量一国的粮食安全状态，并作为政府及企业的参考。

③ Индекс продовольственной безопасности стран мира. https://gtmarket.ru/ratings/global-food-security-index/info.

60 分以上，占 63%，另 37% 的国家的粮食安全存在较大风险。中国和俄罗斯的粮食安全指数分别为 71.9 分和 69.7 分，位列第 35 位和 42 位，处于中等偏上水平（见表 1-1）。

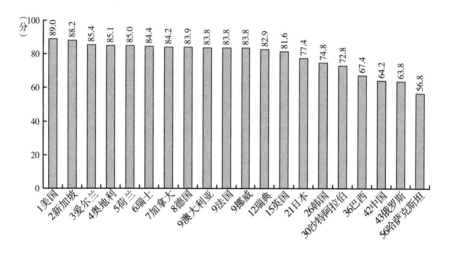

图 1-1　2016 年世界各国粮食安全指数

资料来源：Индекс продовольственной безопасности стран мира. https：//gtmarket. ru/ratings/global - food - security - index/info。

表 1-1　2018 年世界各国粮食安全指数

名次	国家	指数（分）
1	新加坡	87.4
2	爱尔兰	84.0
3	美国	83.7
4	瑞士	83.1
5	芬兰	82.9
5	挪威	82.9
7	瑞典	82.7
8	加拿大	82.4
9	荷兰	82.0
10	奥地利	81.7
11	德国	81.5
12	澳大利亚	81.4
13	卡塔尔	81.2
14	丹麦	81.0
15	比利时	80.7
16	法国	80.4

续表

名次	国家	指数（分）
17	英国	79.1
18	以色列	79.0
19	新西兰	78.8
20	葡萄牙	77.8
21	日本	76.5
21	阿拉伯联合酋长国	76.5
23	意大利	75.8
24	波兰	75.6
25	智利	75.5
25	西班牙	75.5
27	科威特	74.8
28	马来西亚	73.8
29	韩国	73.6
30	沙特阿拉伯	73.5
31	希腊	73.4
32	捷克	73.1
33	乌拉圭	72.8
34	匈牙利	72.7
35	中国	71.9
36	白俄罗斯	70.8
37	阿根廷	70.8
38	罗马尼亚	70.2
39	巴西	70.1
39	哥斯达黎加	70.1
41	土耳其	69.8
42	俄罗斯	69.7
43	哥伦比亚	69.4
43	墨西哥	69.4
45	巴拿马	68.8
46	阿曼	68.4
47	斯洛伐克	68.3
48	哈萨克斯坦	67.3
48	南非	67.3
50	巴林	66.6
51	保加利亚	66.2
52	泰国	65.1
53	阿塞拜疆	64.8
54	越南	64.6
55	埃及	64.5
56	多米尼加	64.2
57	博茨瓦纳	63.8
58	秘鲁	63.3

续表

名次	国家	指数(分)
59	加纳	62.8
59	摩洛哥	62.8
59	叙利亚	62.8
62	印度尼西亚	62.6
63	厄瓜多尔	61.8
64	约旦	61.0
64	菲律宾	61.0
66	斯里兰卡	60.8
67	萨尔瓦多	60.7
68	危地马拉	60.6
69	突尼斯	60.1

资料来源：Рейтинг стран мира по уровню продовольственной безопасности. https：// gtmarket. ru/ratings/global – food – security – index。

粮食危机需要关注经济、社会和种族因素。事实证明，粮食危机也是对和平与安全的威胁。我们必须确保10亿饥饿者的粮食安全，将粮食生产增加一倍，以养活我们这个星球的居民。到2050年，全球人口将达到92亿人。在这种情况下，我们将不得不面对诸如人口增长、营养不良、气候异常和生物技术发展不足以及自然资源短缺日益严重等全球性挑战。我们有战胜世界饥饿和营养不良的计划、战略和方案，其中包括联合国粮农组织于2009年秋季在罗马举行"2050年如何养活世界"首脑会议时更新了2002年起草的"全球反饥饿方案"。[1]

从实际情况来看，在许多经济发展比较落后的国家，特别是在中等收入国家和那些严重依赖国际初级商品贸易的国家，饥饿现象正在不断加剧，收入不平等现象亦然。有关数据显示，世界饥饿人口数量的比例从2000～2002年的14.6%减少到2014～2016年的10.9%（见图1-2）。2014～2016年发展中国家和地区的饥饿人口为7.8亿人（或占12.9%），比2000～2002年减少5.3%。[2]

---

[1] Жак Диуф. Продовольственная безопасность в мире. https：//interaffairs. ru/jauthor/material/66.

[2] Анализ проблем продовольственного обеспечения Регулирование продовольственной безопасности в мировой экономике. https：//studwood. ru/919451/ekonomika/analiz_ problem_ prodovolstvennogo_ obespecheniya.

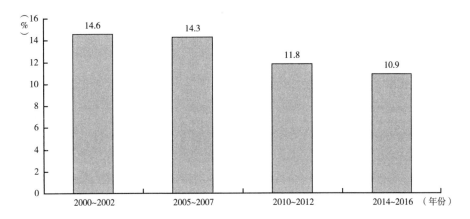

图 1 - 2　2000 ~ 2016 年世界饥饿人口数量的比例

资料来源：Индекс продовольственной безопасности стран мира. https：//gtmarket. ru/ ratings/global - food - security - index/info。

联合国粮农组织《2018 年世界粮食安全和营养状况报告》指出，2017 年全球饥饿人数达到 8.21 亿人，其中亚洲为 5.05 亿人，非洲为 2.565 亿。从人口比例来看，非洲的问题最为严重，有 20% 的饥饿人口，东非甚至高达 33.9%。5 岁以下发育迟缓的儿童约 1.508 亿人，消瘦和营养不良的儿童为 0.505 亿人。该组织《2019 年世界粮食安全和营养状况报告》显示，2018 年世界饥饿人口数量为 8.216 亿人（平均 9 人中就有 1 人在挨饿），其中亚洲为 5.139 亿人，非洲为 2.561 亿人，拉丁美洲及加勒比地区为 0.425 亿人。世界中度或重度粮食不安全人口数量为 20 亿人（26.4%），出生时体重不足的婴儿为 0.205 亿人（1/7），5 岁以下发育迟缓儿童（年龄与身高值偏低）为 1.489 亿人（21.9%），5 岁以下消瘦儿童（身高与体重值偏低）为 0.495 亿人（7.3%），5 岁以下超重儿童（身高与体重值偏低）为 0.4 亿人（5.9%），超重的学龄儿童和青少年为 3.38 亿人，肥胖成人为 6.72 亿人（13% 或 8 名成人中有 1 人肥胖）。

为了解决世界饥饿人口的粮食问题，欧盟和联合国粮农组织通过了《粮食安全、食品安全及其稳定供应与转化规划》和《饮食与粮食安全信息规划》，扩大了国家和地方政府在改善粮食安全、饮食状况以及实施合理稳定的农业政策等方面的权限，对本国粮食安全面临的问题能够及时做出反应，并采取行之有效的措施。

第三节　中俄粮食安全状况

"洪范八政，食为政首。""手中有粮，心中不慌。""不管天下发生什么事，只要人民吃饱肚子，一切就好办了。"①（邓小平语）粮食安全是国家安全的重要基础。中俄粮食安全形势良好，主要体现为两国的年人均粮食占有指数大多接近或超过安全阈值。

一　中国粮食安全状况

习近平总书记指出："中国人的饭碗任何时候都要牢牢端在自己手上。我们的饭碗应该主要装中国粮。"中国粮食安全水平总体比较高，粮食自给率基本保持在95%以上。但我国大豆消费对外依存度很高，人均粮食占有量低于世界粮食安全标准（人均400公斤），这表明中国粮食安全存在一定的隐患。俄罗斯粮食安全状况较好，但总体不稳定。食品市场的进口比例大约为40%，比国际公认的粮食安全界限（20%）高出1倍，表明其正面临食品不能自给的状况。

改革开放以来，在党中央、国务院的正确领导下，特别是党的十八大以来，以习近平同志为核心的党中央确立了总体国家安全观，提出国家粮食安全战略，引领粮食安全理论创新、制度创新和实践创新，保持了粮食产能稳定、供给充足、市场平稳的良好态势。②

据预测，我国粮食需求总量将持续增长，2020年，人均粮食消费量为395公斤，需求总量为5725亿公斤；口粮消费总量为2475亿公斤，约占粮食消费需求总量的43%。饲料用粮需求增加，2020年为2355亿公斤，约占粮食消费需求总量的41%。工业用粮需求趋于平缓。食用植物油消费继续增加，2020年人均消费量为20公斤，消费需求总量达到2900万吨。

---

① 《邓小平启动农村改革的社会动员智慧》，《农民日报》2014年9月9日。
② 张务锋：《着力提高国家粮食和物资储备安全保障水平》，《经济日报》2018年12月20日。

（一）中国粮食安全特征及对其认识

中国粮食安全具有脆弱平衡、强制平衡和紧张平衡的基本特征。脆弱平衡是指资源条件不足造成的不稳定平衡。强制平衡是指在政府强力主导下大力投入经济社会资源保持的主观意愿。紧张平衡是指总供给保障所有人口的食品安全乃至粮食安全的能力不尽充足而形成的供需基本平衡。

1996 年，国务院发布了《中国的粮食问题》白皮书，提出的立足国内资源、实现粮食基本自给的方针成为中国粮食安全战略指南。在此基础上逐步形成了中国国家粮食安全观：种植业是农业的重要基础，粮棉油糖是关系国计民生的重要商品，保障粮食有效供给是农业发展的首要任务。在农业部制定的农业"十二五"规划中，对中国粮食安全提出了具体的数字衡量标准：努力实现"一个确保、三个力争"，即确保粮食基本自给，立足国内实现基本自给，确保自给率在 95% 以上，其中水稻、小麦和玉米三大粮食作物自给率达到 100%。

国家主席习近平指出："中国人的饭碗任何时候都要牢牢端在自己手上。我们的饭碗应该主要装中国粮。保障国家粮食安全是一个永恒的主题，任何时候这根弦都不能松。"[①] 这是世界人口数量最多的国家的领导人对粮食安全重要性的认识。

（二）中国粮食生产和食品供应状况

中国陆地国土面积约 960 万平方公里，从北至南跨越寒温带、温带、暖温带和亚热带，热量条件优越。涵盖湿润、半湿润与半干旱、干旱两大自然地理区域。地形、地质类型多样。中国极为丰富多样的土地资源类型，有利于全面发展农、林、牧、副、渔业生产。

中国现有耕地约 9572 万公顷，占全世界耕地总面积的 7.7%，居世界第 4 位。中国北部和西部的牧区与半农半牧区的天然草地约 3.53 亿公顷，占全世界草地总面积的 10%，居世界第 3 位。林地面积约 1.25 亿公顷，占全世界森林总面积的 4.1%，居世界第 8 位。森林覆盖率只有 13%，低于世界 22% 的平均覆盖率，居世界第 121 位；人均占有林地 0.12 公顷，仅为世界平均数的 1/5 强。天然草地略多，人均占有约 0.35 公顷，不到世界平

---

① 《习近平：饭碗要端在自己手里》，《学习中国》2015 年 8 月 25 日。

均数的 1/2。农、林、牧用地总和，中国平均每人占有 0.54 公顷，最多也不超过 0.67 公顷，仅为世界的 1/4 强至 1/3。① 中国土地资源的分布特点是不平衡，地区间土地生产力存在显著差异。

中国用占全球不到 10% 的耕地（人均耕地约 0.1 公顷，仅为世界平均值的 1/3）和 6.5% 的淡水资源生产的粮食，养活了占世界 20% 的人口。这是中国改革开放取得的一个巨大成就，对世界也是一个重大贡献。② 中国粮食产量多数年份都在 5 亿吨以上，2013 年以来每年都超过 6 亿吨。2008 年为 5.287 亿吨，同比增长约 2.4%。2009 年为 5.308 亿吨，同比增长约 0.4%。2010 年为 5.465 亿吨，同比增长约 3.0%。2011 年为 5.712 亿吨，同比增长约 4.5%。2012 年为 5.896 亿吨，同比增长约 3.2%。2013 年为 6.019 亿吨，同比增长约 2.1%。2014 年为 6.397 亿吨，同比增长约 6.3%。2015 年为 6.606 亿吨，同比增长约 3.3%。2016 年为 6.604 亿吨，同比下降约 0.03%。2017 年为 6.616 亿吨，同比增长约 0.2%。2018 年为 6.579 亿吨，同比下降约 0.6%。2019 年为 6.638 亿吨，同比增长约 0.9%。

2019 年 10 月国务院发布的《中国的粮食安全》白皮书中指出，我国粮食单产呈现稳步增长的趋势（见图 1-3）。从每公顷粮食单产来看，2011 年

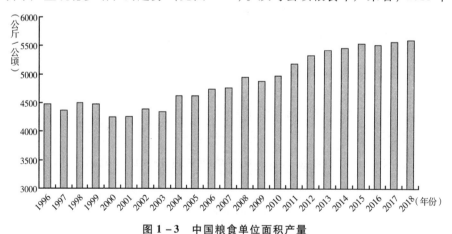

图 1-3 中国粮食单位面积产量

资料来源：国家统计局。

---

① 《中国土地资源》，https：//baike. baidu. com/item/中国土地资源/6721380？fr = aladdin。
② 张务锋：《着力提高国家粮食和物资储备安全保障水平》，《经济日报》2018 年 12 月 20 日。

以来，我国平均每公顷粮食产量在 5000 公斤以上。2017 年稻谷、小麦、玉米的每公顷产量分别为 6916.9 公斤、5481.2 公斤、6110.3 公斤，较 1996 年分别增长约 11.3%、46.8%、17.4%，比世界平均水平分别高约 50.1%、55.2%、6.2%。

2018 年平均每公顷粮食产量已经达到 5621 公斤（见表 1 - 2），比 1996 年（4483 公斤）高出 1138 公斤，增长超过 25%。2019 年，我国粮食播种面积为 116064 千公顷（约为 17.41 亿亩），单位面积产量为 5720 公斤。

表 1 - 2 2018 年我国粮食播种面积、总产量及单位面积产量情况

	播种面积(千公顷)	总产量(万吨)	单位面积产量（公斤/公顷）
全年粮食	117037	65789	5621
一、分季节			
1. 夏粮	26703	13878	5197
2. 早稻	4791	2859	5967
3. 秋粮	85543	49052	5734
二、分品种			
1. 谷物	99685	61019	6121
其中:稻谷	30189	21213	7027
小麦	24268	13143	5416
玉米	42129	25733	6108
2. 豆类	10171	1914	1882
3. 薯类	7180	2856	3978

注：①根据甘肃、宁夏、新疆等部分地区小麦实际产量对全国夏粮数据进行了修正。
②由于计算机自动进位原因，分项数合计与全年数据略有差异。
资料来源：《国家统计局关于 2018 年粮食产量的公告》，http://www.stats.gov.cn/tjsj/zxfb/201812/t20181214_ 1639544.html。

我国国土辽阔和南北气候差异巨大造成粮食种植的地域分割。通常，北方以种植玉米、大豆和小麦为主（东北地区的稻米种植量相当大），南方则以种植稻米为主，中部的江西省、湖南省、湖北省等地成为我国重要的粮食主产区。目前，我国黄淮海地区保持着商品小麦的主体供给地位，东北地区已成为粳稻、玉米等商品粮的主要供应地。

黑龙江省地处东北黑土区核心区域，现有耕地 2.39 亿亩。自 20 世纪

50 年代大规模开垦以来，粮食产量不断增长。黑龙江省作为全国第一产粮大省，为国家粮食安全做出了新的历史性贡献。黑龙江实施"藏粮于地、藏粮于技"战略，农业综合生产能力显著提升，农业综合机械化率、科技贡献率分别高于全国平均水平 30 个、10.5 个百分点。[①] 2017 年，黑龙江省良种覆盖率稳定在 98% 以上，农业耕、种、收综合机械化水平达到 96.5%，继续保持全国首位。黑龙江省粮食总产量、商品量、调出量稳居全国第一。2008 年，黑龙江省粮食产量达 845 亿斤，刷新历史最高纪录。2009 年为 870.6 亿斤，2010 年为 1002.6 亿斤。2011 年，黑龙江省粮食总产量达到创纪录的 1114.1 亿斤，黑龙江省首次超过连续 10 年居全国首位的河南省，一跃成为全国粮食总产量和商品量双第一的省份。2012 年为 1152.3 亿斤，2013 年为 1200.8 亿斤，2014 年为 1248.4 亿斤，2015 年为 1264.8 亿斤，2016 年为 1211.7 亿斤。2017 年，黑龙江粮食总产量达到 1482.1 亿斤，实现"十四连丰"，连续七年居全国首位。2018 年为 1501.4 亿斤，达到历史最高水平，实现"十五连丰"。2019 年为 1500.6 亿斤，获得"十六连丰"（见表 1-3）。

表 1-3 2006~2019 年黑龙江省粮食产量

单位：亿斤

年份	绝对量	当年增量
2006	756.0	36.0
2007	793.1	37.1
2008	845.0	51.9
2009	870.6	25.6
2010	1002.6	132.0
2011	1114.1	111.5
2012	1152.3	38.2
2013	1200.8	48.5
2014	1248.4	47.6
2015	1264.8	16.4
2016	1211.7	-53.1

---

① 陆昊：《黑龙江省政府工作报告》，《黑龙江日报》2018 年 1 月 31 日。

年份	绝对量	当年增量
2017	1482.1	270.4
2018	1501.4	19.3
2019	1500.6	-0.8

资料来源：根据《2006～2016年黑龙江和全国粮食产量对比》（http://www.hljdpc.gov.cn/art/2017/6/2/art_283_18785.html）和相关数据计算。

　　由于粮食作物播种面积扩大，黑龙江省粮食增产6.3亿斤。粮食作物种植结构发生较大变化，主要体现为以高产作物面积增加为特征的种植结构发生变化，由此粮食增产17.5亿斤。同时，黑龙江省粮食生产科技含量进一步提升，农业科技进步贡献率达到67.1%，比上年提高1.6个百分点；耕、种、收综合作业机械化程度达到96.8%；水稻智能催芽等增产技术措施全面推广。粮食综合生产能力得到进一步巩固，为确保"农业综合产量不降"奠定了坚实基础。据2018年抽样调查结果，黑龙江省全省三大主要粮食作物单位面积产量均略有下降，但总体降幅不大，其中玉米单位面积产量下降0.2%，大豆单位面积产量下降0.1%，水稻单位面积产量下降0.6%。

　　我国除黑龙江省以外的其他各省（区、市）的粮食产量总体呈现不断增长的态势，尽管个别地方有的年份略有下降（见表1-4和表1-5）。

表1-4　2018年全国及各省（区、市）粮食产量

地区	播种面积 （千公顷）	总产量（万吨）	单位面积产量 （公斤/公顷）
全国总计	117037	65789	5621
北京	56	34	6137
天津	350	210	5988
河北	6539	3701	5660
山西	3137	1380	4400
内蒙古	6790	3553	5233
辽宁	3484	2192	6293
吉林	5600	3633	6487
黑龙江	14215	7507	5281
上海	130	104	7988
江苏	5476	3660	6684
浙江	976	599	6140
安徽	7316	4007	5477

续表

地区	播种面积 （千公顷）	总产量(万吨)	单位面积产量 （公斤/公顷）
福　建	834	499	5982
江　西	3721	2191	5887
山　东	8405	5320	6329
河　南	10906	6649	6097
湖　北	4847	2839	5858
湖　南	4748	3023	6367
广　东	2151	1193	5548
广　西	2802	1373	4899
海　南	286	147	5142
重　庆	2018	1079	5349
四　川	6266	3494	5576
贵　州	2740	1060	3867
云　南	4175	1861	4457
西　藏	183	104	5688
陕　西	3006	1226	4080
甘　肃	2645	1151	4353
青　海	281	103	3664
宁　夏	736	393	5336
新　疆	2220	1504	6777

注：由于计算机自动进位原因，分省合计数与全国数略有差异。

资料来源：《国家统计局关于 2018 年粮食产量的公告》，http：//www.stats.gov.cn/tjsj/zxfb/201812/t20181214_1639544.html。

表 1-5　2019 年我国各省市粮食产量排行榜

单位：万吨

地区	粮食产量	地区	粮食产量
全国总计	66388	浙　江	592
北　京	29	安　徽	4054
天　津	223	福　建	494
河　北	3739	江　西	2157
山　西	1362	山　东	5357
内蒙古	3653	河　南	6695
辽　宁	2430	湖　北	2725
吉　林	3878	湖　南	2975
黑龙江	7503	广　东	1241
上　海	96	广　西	1332
江　苏	3706	海　南	145
重　庆	1075	陕　西	1231

续表

地区	粮食产量	地区	粮食产量
四　川	3498	甘　肃	1163
贵　州	1054	青　海	106
云　南	1870	宁　夏	373
西　藏	105	新　疆	1527

资料来源：《2019 年中国粮食产量及分省市排行榜分析，"蝗灾"对我国粮食产业影响有限》，https：//www.huaon.com/story/514183。

从粮食储备水平来看，我国的粮食储备程度是比较高的，平均高于联合国规定的 17% ~ 18% 的国家粮食安全系数。我国整体粮食物流能力得到了大幅提升。这使我国粮食安全总体处于比较高的水平。

我国粮食仓储现代化水平显著提升。2019 年 10 月国务院发布的《中国的粮食安全》白皮书指出，2018 年全国共有标准粮食仓房仓容 6.7 亿吨，简易仓容 2.4 亿吨，有效仓容总量比 1996 年增长了 31.9%。食用油罐总罐容达到 2800 万吨，比 1996 年增加了 7 倍。对现有粮仓基础中的一批老粮仓进行了维修改造，又规划建设了一批具有现代化水平的新粮仓。全国粮食仓容规模明显扩大，设施功能不断完善和升级，安全储粮能力持续增强，总体达到了世界较为先进的水平。

我国粮食储备和应急体系不断完善。政府粮食储备量足质佳，粮食储存安全可靠，安全系数较高。在人口密集的大中城市和价格波动频繁的地区建立了 10 ~ 15 天的应急成品粮储备体系，实现了全覆盖。应急储备、加工和配送体系较为完备，城乡街道社区均设有粮食应急供应网点，以应对地震、雨雪冰冻、台风等重大自然灾害和公共突发事件的发生，能够确保及时足量供应粮食，维持社会稳定。

从粮食物流现状来看，2017 年全国粮食物流总量达到 4.8 亿吨，其中跨省物流量 2.3 亿吨。粮食物流骨干通道全部打通，公路、铁路、水路多式联运格局基本形成，原粮散粮运输、成品粮集装化运输比重大幅提高，粮食物流效率稳步提升。[①]

---

① 《中国的粮食安全》白皮书，http：//www.scio.gov.cn/ztk/dtzt/39912/41906/index.htm。

从粮食外贸依存度来看，我国粮食自给率较高。从近几年的粮食市场供求情况来看，我国粮食主要品种年供求基本保持平衡，每年粮食收购量和销售量大体持平。因此，2018 年度末库存基本保持稳定，按照近两年我国粮食市场销售量来计算，即使不考虑年收购量，国有粮食企业的现有库存也可以满足 1 年多的销售量。

但是，我国大豆消费对外依存度很高，这对我国粮食安全构成了一定威胁。2008 年、2009 年和 2010 年，我国大豆进口逐年增加，分别为 3740 万吨、4255 万吨和 5480 万吨。[①] 2011 年，大豆进口 5250 万吨；2012 年为 5838 万吨，同比增长约 11.2%；2013 年为 6338 万吨，同比增长约 8.6%；2014 年为 7140 万吨，同比增长约 12.7%；2015 年为 8169 万吨，同比增长约 14.4%；2016 年为 8391 万吨，同比增长约 2.7%（见图 1 - 4）。

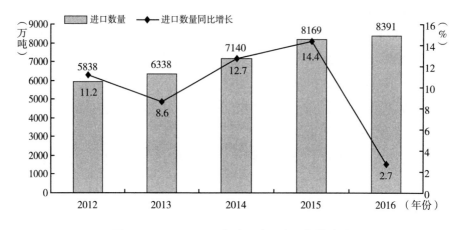

图 1 - 4　2012 ~ 2016 年中国大豆进口数量统计

资料来源：《2012 ~ 2016 年中国大豆进口数据统计》，http：//www. sohu. com/a/149421239_775892。

2017 ~ 2018 年，我国大豆新增供给量为 10955 万吨，其中国产大豆产量为 1455 万吨，大豆进口量为 9500 万吨。该年度大豆榨油消费量为 9430 万吨，较上年度增加 260 万吨（约 2.8%），其中包含 220 万吨国产大豆及 9210 万吨进口大豆；大豆食用及工业消费量为 1440 万吨，较上年增加 40

---

① 张晓山：《"入世"十年：中国农业发展的回顾与展望》，《学习与探索》2012 年第 1 期。

万吨，年度大豆供需结余为 8 万吨。2018 ~ 2019 年，我国大豆新增供给量约为 11000 万吨，其中国产大豆产量为 1600 万吨，大豆进口量约为 9400 万吨。该年度大豆榨油消费量约 9610 万吨，较上年度增加 180 万吨（约 1.9%），其中包含 280 万吨国产大豆及 9330 万吨进口大豆；大豆食用及工业消费量约为 1470 万吨，较上年增加 30 万吨左右，年度大豆供需缺口为 172 万吨左右。2019 ~ 2020 年，我国大豆新增供给量为 10580 万吨，其中国产大豆产量为 1680 万吨，大豆进口量为 8900 万吨。年度大豆榨油消费量为 9050 万吨，同比减少 560 万吨，减少 6.2%，其中包含 200 万吨国产大豆及 8850 万吨进口大豆；大豆食用及工业消费量为 1515 万吨，比上年度增加 15 万吨，年度大豆供需缺口为 81 万吨。

从人均粮食占有量来看，我国人均粮食占有量在 1949 ~ 1972 年绝大多数年份为 200 多公斤，不到 300 公斤（见表 1 - 6）。1978 ~ 1989 年在 300 公斤以上，但不到 400 公斤。2008 年以来，其中有 2 年未达到 400 公斤/人，有 10 年在 400 公斤/人以上。目前，我国人均粮食占有量基本保持在 470 公斤左右，比 1996 年（约 412 公斤）增加了约 14%，比新中国成立时的 1949 年（约 209 公斤）增加了约 125%。当下，我国人均粮食占有量比世界平均水平高一些。

不过，我国人均粮食占有量在个别年份距离世界粮食安全标准（人均 400 公斤）还有一定差距，这表明中国粮食安全存在一定的安全隐患。从低收入阶层的粮食保障水平来看，由于贫困人口较多，我国还不可能在短期内从根本上摆脱贫困，这将是影响我国未来粮食安全的因素之一。

表 1 - 6 1949 ~ 2019 年中国历年粮食产量人均供应量总览

年份	粮食产量（万吨）	人口（万人）	人均粮食（公斤）
1949	11318	54167	208.9464065
1950	13213	55196	239.3832886
1951	14369	56300	255.2220249
1952	16392	57482	285.1675307
1953	16683	58796	283.7437921

年份	粮食产量（万吨）	人口（万人）	人均粮食（公斤）
1954	16952	60266	281. 2862974
1955	18394	61465	299. 2597413
1956	19275	62828	306. 7899663
1957	19505	64653	301. 68747
1958	19765	65994	299. 496924
1959	16968	67207	252. 4737007
1960	14385	66207	217. 273098
1961	13650	65859	207. 2609666
1962	15441	67295	229. 452411
1963	17000	69172	245. 764182
1964	18750	70499	265. 9612193
1965	19453	72538	268. 1766798
1966	21400	74542	287. 0864747
1967	21782	76368	285. 2241777
1968	20906	78534	266. 2031731
1969	21097	80671	261. 5190093
1970	23996	82992	289. 1363023
1971	25014	85229	293. 4916519
1972	24048	87177	275. 8525758
1973	26494	89211	296. 981314
1974	27527	90859	302. 9639331
1975	28452	92420	307. 8554425
1976	28631	93717	305. 504871
1977	28273	94974	297. 6919999
1978	30477	96259	316. 6145503
1979	33212	97542	340. 4892252
1980	32056	98705	324. 765716

年份	粮食产量（万吨）	人口（万人）	人均粮食（公斤）
1981	32502	100072	324.786154
1982	35450	101654	348.7319732
1983	38728	103008	375.9707984
1984	40731	104357	390.3044357
1985	37911	105851	358.1543868
1986	39151	107507	364.1716353
1987	40473	109300	370.2927722
1988	39404	111026	354.9078594
1989	40755	112704	361.6109455
1990	44624	114333	390.298514
1991	43529	115823	375.8234548
1992	44266	117171	377.7897261
1993	45649	118517	385.1683725
1994	44510	119850	371.3808928
1995	46662	121121	385.2511125
1996	50454	122389	412.2429303
1997	49417	123626	399.7298303
1998	51230	124761	410.6251152
1999	50839	125786	404.1705754
2000	46218	126743	364.6591922
2001	45262	127627	354.6428264
2002	45711	128453	355.8577846
2003	43067	129227	333.2662679
2004	46947	129988	361.1641075
2005	48401	130756	370.1627459
2006	49746	131448	378.4462297
2007	50150	132129	379.5533153

年份	粮食产量(万吨)	人口(万人)	人均粮食(公斤)
2008	52850	132802	397.9608741
2009	53082	133474	397.7000000
2010	54648	134100	407.5000000
2011	57121	134735	424.0000000
2012	58957	135404	435.4000000
2013	60194	136072	442.4000000
2014	60703	136782	443.8000000
2015	62144	137462	452.1000000
2016	61624	138271	445.7000000
2017	61791	139008	444.51398481
2018	65789	139538	471.4773037
2019	66384	140000	450.0000000

资料来源：国家统计局《中国历年粮食产量人均供应量总览（1949~2016年）》和相关数据，http://www.360doc.com/content/17/0407/23/642066_ 643747754.shtml；2017年、2018年和2019年数据为作者根据相关数据计算得出。

我国居民健康营养状况改善较为明显。居民膳食品种越来越丰富多样化。2018年，我国猪牛羊肉、牛奶、蔬菜、水果、油料和水产品的人均占有量分别为46.8公斤、22.1公斤、505.1公斤、184.4公斤、24.7公斤和46.4公斤，比1996年分别增长16.6公斤、17公斤、257.7公斤、117.7公斤、6.5公斤和19.5公斤，分别增长约55%、433.3%、104.2%、176.5%、35.7%和72.5%（见图1-5、图1-6）。我国居民人均直接消费口粮呈现不断减少的趋势，而对木本食物、蔬菜、瓜果、动物性食品等非粮食类食物的消费不断增多。我国居民的食物品种日益多样化，饮食更加健康。[①]

我国居民营养水平不断提高。国家卫生健康委的监测数据显示，我国居

---

① 《中国的粮食安全》白皮书，http://www.scio.gov.cn/ztk/dtzt/39912/41906/index.htm。

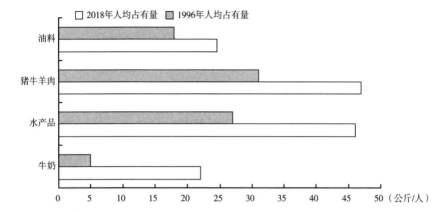

图 1 – 5　2018 年与 1996 年我国油料、猪牛羊肉、水产品、牛奶的人均占有量对比

资料来源：国家统计局。

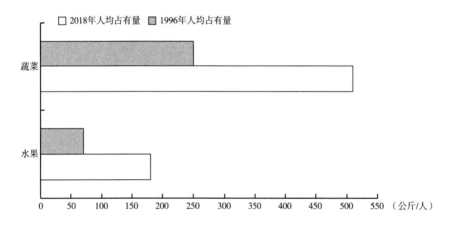

图 1 – 6　2018 年与 1996 年我国蔬菜和水果的人均占有量对比

资料来源：国家统计局。

民平均每标准人日能量摄入量为 2172 千卡，蛋白质为 65 克，脂肪为 80 克，碳水化合物为 301 克。这表明，我国城乡居民膳食能量供给充足，蛋白质、脂肪、碳水化合物三大营养素供能充足，优质蛋白质摄入量不断增加，脂肪供能比在持续提高，碳水化合物供能比下降。[①]

　　我国贫困人口的吃饭问题得到有效解决。按照我国现行农村贫困标

---

① 《中国的粮食安全》白皮书，http：//www. scio. gov. cn/ztk/dtzt/39912/41906/index. htm。

准计算，2018 年末，我国农村贫困人口为 1660 万人，比 2012 年末的 9899 万人减少了 8239 万人；比 1978 年末的 7.7 亿人，累计减贫 7.534 亿人，贫困发生率由 10.2% 降至 1.7%。按世界银行每人每天 1.9 美元的国际贫困标准计算，中国对全球减贫的贡献率超过 70%，是世界上减贫人口最多的国家，也是世界上率先完成联合国千年发展目标中的减贫目标的国家，贫困人口"不愁吃"的问题已基本解决，而且重点贫困群体健康营养状况得到明显改善。[①]

二 俄罗斯粮食安全状况

难道俄罗斯人口少，就没有粮食安全问题或粮食安全问题不那么严重了吗？只能说，一个国家人口相对较少，粮食安全问题的影响面相对不会那么大而已。实际上，俄罗斯同样面临着粮食安全问题的困扰。

俄罗斯的粮食安全问题主要表现为国家粮食可供量和人均粮食数量波动较大、粮食质量和品种有较大变化、进口食品比重较大等。针对存在的问题，俄罗斯政府采取较为行之有效的政策措施加以应对，以努力确保本国粮食安全。我们着重论述俄罗斯粮食安全的"数量安全"和"质量安全"。

（一）俄罗斯对粮食安全的认识

俄罗斯对国家粮食安全的定义是，国家粮食安全是国家有能力不受内外部威胁，依靠相应的资源、潜力和保障措施满足居民对符合通行标准的食品数量、质量和品种的需求。[②] 国家经济发展能够确保本国粮食独立，保障居民有能力获得符合技术参数要求的食品，其数量不少于积极、健康的生活方式所必需的合理消费标准。[③]

2010 年 1 月 30 日俄联邦总统批准的《俄罗斯联邦粮食安全学说》阐述

[①] 《中国的粮食安全》白皮书，http：//www.scio.gov.cn/ztk/dtzt/39912/41906/index.htm。

[②] Проблемы продовольственной безопасности в России. http：//knowledge.allbest.ru/economy.html.

[③] Доктрина продовольственной безопасности Российской Федерации. http：//ptica - ru.ru/zakon/707 - gosprogramma - apk.html.

了国家粮食安全的重要性、战略目标以及确保粮食安全的基本任务。粮食安全是维护国家安全和主权、人口政策落实和居民生存保障的重要组成部分，是确保本国居民健康长寿、机体活跃和高品质生活的必要条件。粮食安全的战略目标是确保居民能够获得安全优质的农产品和水产品、原材料和粮食，稳定的国内生产和必要的储备是获得上述食品的基本保障。俄联邦确保粮食安全不受内外部条件影响的基本任务主要包括：每个公民都能够得到规定的消费额度合理的、既安全又优质的健康生活方式所需的食品，国产主要食品稳步发展以确保本国食品供应的独立性，消除食品安全面临的内外部威胁，发生自然灾害或其他极端情况时依靠稳定的国民食品保障系统将消极后果降至最低，建立安全优质食品战略储备。①

俄罗斯经济学家认为，粮食安全的条件是主要食品总量的75%～80%为国内生产，这意味着维持粮食安全的主要产品必须由国内生产。一个国家从国外进口的粮食和食品的品种不能超过国内总体需求的20%，进口的总量不能超过30%。②

（二）俄罗斯粮食生产和食品供应状况

尽管幅员辽阔，东西跨度长，耕地面积大，但由于所在纬度高，俄罗斯适宜农作物生长的气候欠佳。除政策性因素外，俄罗斯农业发展不稳定，受气候因素影响较大，"靠天吃饭"色彩浓厚，农产品生产供应波动较大，食品加工能力较低，进口食品比重较高。可见，俄罗斯粮食安全状况存在不稳定的潜在可能。

1. 俄罗斯粮食生产供应情况

俄罗斯尽管疆域辽阔，耕地面积达1.42亿公顷，人均耕地面积为0.86公顷，远远高于世界人均耕地指数，但因处于高纬度，夏季短促，只有欧洲部分的平原地区较为适宜农业种植；再加上俄罗斯农业政策长期不尽科学合理，没有充分调动起农民的积极性，因此俄罗斯农业发展总体是不稳定的，

---

① Доктрина продовольственной безопасности Российской Федерации. http：//ptica－ru. ru/zakon/707－gosprogramma－apk. html.

② 王殿华、黄斗铉：《俄罗斯粮食安全问题与中俄食品贸易》，《俄罗斯中亚东欧市场》2010年第12期。

农产品生产供应始终波动较大,粮食安全问题较为突出。1990~2008年,俄罗斯农产品生产供应呈现V字形走势(见图1-7),粮食安全形势随之发生相应的变化。俄罗斯年景好、收成好的年份,其粮食安全形势较为稳定。反之,俄罗斯粮食安全形势不容乐观。

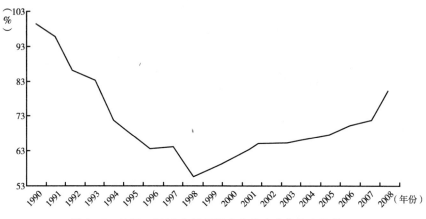

图1-7 1990~2008年俄罗斯农产品生产指数变化情况

注:各年产量是1990年产量的百分比。

资料来源:Сельское хозяйство России. https://ru.wikipedia.org/。

1990年,俄罗斯粮食产量为1.043亿吨。1991~1998年,俄罗斯农业生产总量下降了41.4%,食品产量下降了近50%,尤其是1998年降至最低,导致俄罗斯粮食安全形势严重恶化。从1999年开始,俄罗斯经济发展逐渐向好,年均增长率达到6%~8%,但农业生产增长率仅为1%~1.5%。2000~2008年,俄罗斯农业产量增长约38%,其中禽肉产量增长32.2%,猪肉产量增长37%,牛肉产量却下降了29%。这一时期,俄罗斯粮食安全形势逐步好转和趋于稳定。

近10年来,俄罗斯农业发展取得长足进步,基本实现了粮食进口替代,有力地保障了国家粮食安全。站在新的历史起点,俄罗斯政府提出由进口替代向出口导向转变的农业发展战略目标,并推出相关支持政策,力图实现向农业大国的跨越。①

---

① 高际香:《俄罗斯农业发展战略调整与未来政策方向》,《东北亚学刊》2020年第1期。

2008 年，俄罗斯粮食获得大丰收，粮食总产量达到创纪录的 1.08 亿吨，比 2007 年增长 32.8%。2009 年，俄罗斯粮食种植面积为 4750 万公顷，比 2008 年增加 80 万公顷。俄罗斯粮食总产量为 9700 万吨，比 2008 年减少约 10%。小麦产量为 6170 万吨，比 2008 年减少 200 万吨。其他粮食作物如大麦、燕麦、玉米、荞麦等产量均有所下降，但大米产量达到 90.8 万吨，比 2008 年增加 17 万吨。2010 年，俄罗斯遭遇前所未有的旱灾和火灾，约 550 万公顷农作物绝收，粮食总产量仅为 6090 万吨，同比下降约 37%，勉强能够满足俄罗斯本国消费者的粮食需求。俄罗斯国内市场粮食价格和基本食品价格大幅度上涨，全年通货膨胀率达到 8.8%。为确保本国粮食安全，2010 年 8 月 15 日，俄罗斯政府开始实施针对小麦、大麦、黑麦、玉米、面粉等粮食产品的出口禁令，后来又将此禁令延长至 2011 年 6 月 30 日。俄罗斯粮食联盟机构指出，2011 年 7 月 30 日前，俄罗斯需要进口 300 万～350 万吨粮食，粮食进口量增长 1.5 倍。同时，调整粮食进口关税，将免进口关税范围扩大到小麦、大麦和黑麦等所有粮食种类，增加粮食进口以弥补国内粮食市场的缺口，缓解粮食安全紧张的形势。

俄罗斯农业发展成就主要体现在以下两个方面。一是农产品进口依赖度不断下降。2011～2017 年，俄罗斯农产品进口缩减 26.5%，出口增加 83%；2017 年净进口额仅为 81 亿美元，基本保持进出口平衡，特别是谷物、蛋类、土豆等主要食品实现自给。二是农产品出口持续增加。2017 年，俄罗斯农产品出口额为 207 亿美元，是 2000 年的近 13 倍，成为俄罗斯出口创汇的主要来源。①

2011 年，俄罗斯粮食总产量为 9420 万吨，比上年增长约 54.7%，其中大豆、油菜、玉米、向日葵和甜菜的产量分别为 150 万吨、110 万吨、600 万吨、800 万吨和 4500 万吨。这一产量可以充分保障俄罗斯内需并恢复出口量 2500 万吨左右。2012 年，俄罗斯粮食总产量为 7040 万吨，比上年减少约 25.3%。2013 年，俄罗斯粮食总产量为 9134 万吨，

---

① 高际香：《俄罗斯农业发展战略调整与未来政策方向》，《东北亚学刊》2020 年第 1 期。

比上年增长约 29.7%，其中小麦产量增长 38%，黑麦产量增长 58%，玉米产量增长 30%。2014 年，俄罗斯粮食总产量为 1.05 亿吨，与 2008 年粮食总产量最高纪录的 1.08 亿吨不相上下，出口量约 3000 万吨。2015 年，俄罗斯粮食总产量在 1.034 亿吨以上。2015 年，俄罗斯向世界市场供应粮食近 3300 万吨，增长约 0.4%，出口总额为 60 亿美元。俄罗斯粮食出口量大约 68% 为小麦和混合麦，19% 为大麦，约 12% 为玉米。传统上，俄罗斯粮食的主要出口国是埃及、土耳其、沙特阿拉伯和伊朗。2015 年，俄罗斯出口到上述国家的谷类作物占粮食出口总量的 48% 以上。需要指出的是，在俄罗斯粮食市场上，进口产品所占比重很小，2015 年仅为 1%，而且这已是粮食进口量连续两年下降。俄罗斯在全球市场上主要采购小麦和大米，其比重占俄罗斯粮食进口总量的 87%。俄罗斯进口粮食的主要来源国是哈萨克斯坦、印度和白俄罗斯。2016 年，俄罗斯单位面积粮食产量不断提高，因而粮食产量创下了历史新高，超过 1.17 亿吨。该年度俄罗斯粮食出口量为 3500 万吨，其中小麦出口量约为 2800 万吨，居世界首位。2017 年，俄罗斯粮食产量创下新的纪录，达 1.355 亿吨，小麦产量为 8600 万吨，出口粮食 4700 万吨左右。2018 年，俄罗斯粮食产量为 1.1 亿吨，其中小麦 7000 万吨，大麦 1660 万吨，玉米 1000 多万吨。

俄罗斯联邦农业部部长德米特里·帕特鲁舍夫在向国家杜马做报告时指出，截至 2019 年 10 月，俄罗斯已经收割庄稼的面积达 8000 万公顷，比 2018 年同期增加 30 万公顷，收获粮食 1.05 亿吨。2019 年俄罗斯的粮食产量超过 1.21 亿吨，比 2018 年增长 1100 万吨。2019 年小麦产量约 8000 万吨，土豆约 700 万吨，大田蔬菜约 500 万吨，冬季温室蔬菜产量约 120 万吨，创历史新纪录。

目前，俄罗斯已经实现了农产品的自给自足，粮食、植物油、肉及肉制品、水产品产量已经超过《俄罗斯粮食安全原则》中设定的最低指标。

从人均粮食占有量来看，1990~2018 年，俄罗斯人均粮食占有量大多数年份为 400~600 公斤，有 26 年为 400~600 公斤，只有 2 年在 400 公斤以下。① 总体来看，俄罗斯人均粮食占有量高于世界粮食安全标准（人均400公斤，理论上的粮食总需求量最安全指数），2008 年俄罗斯粮食总产量最高纪录 1.08 亿吨也没达到这一标准，但实际上俄罗斯人均粮食安全是比较好的。不过，俄罗斯本国生产的食品仅能满足国内需求的约 50%，进口食品占其总需求的 30% ~50%。②

俄罗斯农业未来的发展方向包括完善土壤改良系统、恢复农业用地、治理酸性土壤以及落实国家农业科技发展规划。2018 年用于土壤改良的资金为 112 亿卢布，未来用于土壤改良的资金将达到 158 亿卢布（相当于 2.47 亿美元）。将有 11.5 万公顷的改良土地投入使用，得到恢复的农业用地将达到 22 万公顷。

德米特里·帕特鲁舍夫在报告中还指出，未来俄罗斯农业的重点工作方向依然是扩大农产品出口量。俄罗斯政府将对遭受自然灾难的农民给予一定的扶持；将不断发展小型农业企业，促进农村地区的全面发展，并为农工综合体提供一定的物资和技术支持。

总体来看，俄罗斯农作物种植面积保持在 8000 万公顷左右，其中粮食类和豆类作物种植面积为 4620 万公顷。曾任俄罗斯农业部部长的特卡乔夫表示，2030 年前，俄罗斯计划将粮食作物播种面积从目前的 4700 万公顷增加到 5700 万公顷，并将单位面积粮食产量增长到每公顷 3000 公斤，使俄罗斯粮食年产量达到 1.5 亿吨。特卡乔夫表示，俄罗斯还须加大农业研发投入力度，增强粮食加工能力。未来几年，俄罗斯粮食总产量将保持在 1.1 亿吨至 1.2 亿吨的水平上；如果风调雨顺，不出现严重的自然或人为灾害，俄罗斯能够确保对本国居民粮食的可持续供应。据咨询公司 BusinesStat 预测，到2022 年，俄罗斯粮食作物的总产量将达到 1.379 亿吨，其出口量将达到4540 万吨。

2. 俄罗斯食品安全状况

食品安全问题一直困扰着俄罗斯政府及有关部门。俄罗斯不断通过行

---

① Российские реформы в цифрах и фактах. http://kaivg. narod. ru.

② Проблемы продовольственной безопасности. http://knowlege. aiibest. ru/economy. html.

政、立法等多种途径力求构建起较为完善的食品安全管理机制，以努力保障食品安全，维护国家、社会的稳定。

到目前为止，食品安全定义主要有以下几种。第一是联合国粮农组织的定义。1974年11月，该组织在世界粮食大会上通过了《世界粮食安全国际约定》，首次提出了"食品安全"的概念。当时这一概念主要是指在数量上满足人们基本的食品需要，即所谓食品数量安全。第二是世界卫生组织的定义。1996年，该组织将食品安全定义为，食品按其原定用途进行制作、食用时不会使消费者健康受到损害的一种担保。第三是联合国粮农组织/世界卫生组织的定义。《ISO22000：2005食品安全管理体系——对食品链中的任何组织的要求》中对食品安全的定义是，食品按照预期用途进行制备和（或）食用时不会伤害消费者的保证。第四是中国的定义。《中华人民共和国食品卫生法》第六条规定："食品应当无毒、无害，符合应当有的营养要求，具有相应的色、香、味等感官性状。"这是中国法律对食品安全及其性状要求的基本规定，但没有食品安全的明确定义。还有人认为，食品安全是一门专门探讨在食品加工、存储、销售等过程中确保食品卫生及食用安全，降低疾病隐患，防范食物中毒的跨学科领域。

以上关于食品安全的定义，有的仅限于食品数量的满足或食品是否有害及其产生的影响；有的从学科角度出发，认为食品安全是关于食品卫生和食用安全的跨学科研究领域。我们认为，应从紧紧围绕食品的安全核心要素及其影响、采取的保障措施等方面来下定义，以期全面、系统地揭示食品安全的内涵。鉴于此，我们将食品安全定义为，食品安全是指食品的数量安全、质量安全和可持续安全能够满足人体健康的一种正常状态。

从食品安全涉及的层次来看，食品安全主要包括食品数量安全、食品质量安全和食品可持续安全三个层次。食品数量安全是指一个国家或地区能够满足居民基本生存的膳食需要，要求人们既能买得到又能买得起生活所需要的基本食品。食品质量安全是指提供的食品在营养、卫生方面满足和保障人群的健康需要。它涉及食物是否污染、是否有毒、添加剂是否违规超标、标签是否规范等问题，需要在食品受到污染之前采取措施，预防食品的污染和遭遇主要危害因素侵袭。食品可持续安全是从发展角度要求食品的获取需要注重生态环境的良好保护和资源利用的可持续。

《俄罗斯联邦食品质量与安全法》（2000 年）将食品安全定义为，食品安全是指食品在通常的食用条件下对本代和下一代人体健康无害和安全的一种可信状态。[①] 俄罗斯认为，食品安全仅限于食品质量安全问题，并没有将食品的数量安全和可持续安全问题考虑在内。俄罗斯把粮食安全与食品安全紧密地联系在一起，认为食品安全是粮食安全的核心。一个国家的粮食安全指数为，从国外进口食品的品种不能超过本国居民总体需求的 20%，进口粮食的比重不能超过本国居民总体需求的 30%。俄罗斯本国生产的食品仅能满足国内需求的约 50%，进口食品占其总需求的 30%~50%。[②]

20 世纪 90 年代初，俄罗斯推行激进经济改革，导致整个经济急剧衰败，农业也难逃厄运，农业生产持续低迷。这一时期，俄罗斯农业生产总量下降了 41.4%，食品产量下降了近 50%。以 1994 年和 1995 年为例，1994 年，俄罗斯肉类产量（毛重）与 1990 年相比减少了 30%，奶产量减少了 23%，蛋产量减少了 21%；1995 年，俄罗斯肉、奶、蛋的产量继续减少，分别同比减少了 13%、7% 和 10%。[③]

从 2000 年以来，俄罗斯面粉、鲜冻肉、禽肉、奶及其制品、奶油、植物油、原糖、白糖、马铃薯、鲜冻鱼等食品的进口数量总体呈现不断增长的态势，但谷物的进口数量波动较大，例如，2000 年谷物的进口量为 467.7 万吨，2004~2007 年谷物进口量分别为 289.8 万吨、144.9 万吨、185.0 万吨和 99.5 万吨。2000 年鲜冻肉的进口量为 51.7 万吨，2004~2007 年分别为 103.1 万吨、134.0 万吨、141.0 万吨和 130.8 万吨。2000 年奶及其制品进口量为 7.7 万吨，2004~2007 年分别为 12.7 万吨、14.6 万吨、14.7 万吨和 11.5 万吨。2000 年原糖进口量为 454.7 万吨，2004~2007 年分别为 258.6 万吨、289.3 万吨、240.0 万吨和 324.2 万吨。2000 年马铃薯进口量为 35.9 万吨，

[①] Федеральный закон о качестве и безопосности пищевых продуктов. http：//www. pediatr - russia. ru/node/128.

[②] Проблемы продовольственной безопасности в России. http：//knowledge. allbest. ru/economy, html.

[③] 乔木森：《俄罗斯的农产品和食品市场》，《东欧中亚市场研究》1996 年第 2 期。

2004～2007年分别为26.2万吨、39.3万吨、35.0万吨和38.7万吨。[①]

俄罗斯每年的食品进口量和品种与该年度的粮食和其他农产品收成有着密切的关联，一般来说，如果没有像俄罗斯与西方其他国家相互制裁这种人为主观因素的干预，两者通常呈反相关，即粮食和其他农产品收成好，国家粮食安全状况好，那么食品进口量和品种就会减少，反之亦然。俄罗斯发生严重旱灾导致农业大幅度减产的2010年就充分验证了这一点，2010年前11个月，俄罗斯食品进口量增长了15.1%。2010年，俄罗斯进口新鲜和冷冻禽肉45.24万吨，总额达6.178亿美元，减少45.7%。肉类罐头进口下降9.7%，茶叶下降2.5%，玉米下降12%，鱼类进口增长3.8%，奶酪酸凝乳增长33.7%，炼乳增长10.6倍，柑橘增长18.7%，咖啡增长12.4%；原糖进口超过200万吨，增长64.5%，总额达10亿美元。2010年同期，俄罗斯食品出口减少26.2%，小麦减少18.8%，大麦减少55.2%，植物油减少49.2%。不过，禽肉出口增长3.2倍，鱼类增长37.9%，荞麦增长58%。

2013年，俄罗斯生产的产品总量增加提高了本国部分农产品的食品独立性。肉类进口下降，其中禽肉下降5.7%，来自美国的鸡肉供货量减少了2.5%，养殖类动物（特别是猪）的进口下降80%，大角牲畜进口减少35.1%。但是，由于甜菜和水稻减产，其进口量有所增加，甜菜进口增加2.1%，大米进口增加16.2%。苹果和梨进口额约10亿美元，主要来自波兰（40%）、阿根廷（10%）、比利时（10%）和中国（8%）。蔬菜进口额约25亿美元，其中大部分为西红柿。鉴于近两三年俄罗斯开始用温室大棚种植蔬菜，今后俄罗斯能够实现部分蔬菜自给，替代进口。鱼和其他水产品进口额约25亿美元，最大供应国为挪威。尽管远东地区渔业发展较好，但由于该地区远离俄罗斯欧洲部分，运费高昂，因此从远东地区运送鱼和其他水产品到俄罗斯欧洲部分在经济上是不划算的。俄罗斯的奶及其制品每年的消费量都在增加，占消费总量的30%～60%，因此奶及其制品是俄罗斯进口额度较大的食品，2013年奶及其制品进口额为24亿美元。主要供应国为

---

① 王殿华、黄斗铉：《俄罗斯粮食安全问题与中俄食品贸易》，《俄罗斯中亚东欧市场》2010年第12期。

白俄罗斯（47%）、芬兰（12%）、德国（8%）。俄罗斯本国生产能够完全满足国内需求的食品主要有面粉、空心粉和白糖。植物油、糖果和肉罐头能够满足80%～85%。[①]

从2000～2013年俄罗斯食品和农产品进口情况来看，与2000年相比，2013年奶类产品在俄罗斯的进口商品总量中的份额增长了6.4个百分点，水果和坚果增长5.6%，鱼增长4.8%。白糖和糖果制品进口减少11.3%，谷物减少6.4%。通过对食品进口份额在俄罗斯国内消费中的比重进行分析可以看出，最近几年，禽肉和猪肉的进口量明显减少，水果进口量所占比例依然较大，番茄等部分蔬菜、奶粉和奶酪等奶产品的进口量在不断增加。每年夏季各月份，俄罗斯蔬菜和水果的进口量相比年平均进口量分别下降20%和60%，5月蔬菜的进口量超过年平均进口量的80%，12月水果的进口量超过年平均进口量的46%。[②]

从食品进口额来看，俄联邦经济发展部2009年发布的统计数据显示，俄罗斯食品进口额总体在不断增加。1992年，俄罗斯食品进口额为96亿美元，1995年为130亿美元。从图1-8可以看出，21世纪以来，俄罗斯食品进口额呈现逐步增长的趋势，2000年为85亿美元，2004年为139亿美元，2005年为174亿美元，2006年为230亿美元，2007年为252亿美元，2008年为322亿美元，2009年为340亿美元，2010年为350多亿美元，2011年为390亿美元，2012年为404亿美元，2013年为419亿美元，2014年为350亿美元，2015年为250亿美元。[③] 2016年，俄罗斯食品和农产品进口额为249亿美元，2017年为233亿美元。[④] 2018年和2019年均为230亿～240亿美元，2020年达到288亿美元左右。

---

① Импорт продуктов сельского хозяйства в Россию. http: //rosinvest. com/acolumn/blog/ mirovoi_ prodovolstvenii_ rinok/542. html.

② Как в России менялась зависимость от импортного продовольствия за последние 13 лет. http: //www. online812. ru/2014/08/07/002/.

③ Россия потеряла половину от ввоза продовольствия, но поверила в импортозамещение. http: // tass. ru/ekonomika/2173548.

④ Топ - 25 продуктов, которые мы импортируем. Россию кормят на ＄23 млрд. https: // www. agroinvestor. ru/rating/article/30319 - top - 25 - produktov - kotorye - my - importiruem/.

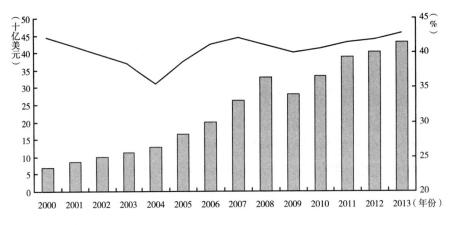

图 1-8　俄罗斯进口食品变化情况

资料来源：Как в России менялась зависимость от импортного продовольствия за последние 13 лет. http：//www. online812. ru/2014/08/07/002/。

说明：图中的曲线表示进口在家庭开支中的份额（％）。柱状表示食品的进口额（十亿美元）。

在俄罗斯，导致食品质量难以保证的情况主要有以下五种。

第一，正规生产者偷工减料。生产任何商品，包括食品，生产者的最根本目的是获取最大收益。要想收益最大，就必须节约成本。偷工减料是不良生产者在生产过程中惯用的伎俩，他们以使用低质原材料、添加剂和替代品等掺杂使假手段，来达到降低成本的目的。这种做法在现实生活中屡见不鲜（如欧洲的"马肉风波"），厂家生产出来的不是真材实料的食品，只是徒有其表、其形、其味而非其质。

第二，正规生产者"降低"国家标准。俄罗斯食品工业有约70％的产品是按照技术条件生产的，只有30％的产品是按照国家标准生产的。生产者使技术条件符合必需的卫生标准安全要求。所谓卫生标准，是指根据健康要求对生产、生活环境中的化学、物理及生物的有害因素的卫生学容许限量值，即最高容许浓度。它是根据环境中的有害物质和机体间的剂量—反应关系，考虑到敏感人群和接触时间而确定的一个不会对人体健康产生直接或间接有害影响的"相对安全浓度"。在这种情况下，生产者生产的食品一般会符合安全标准，但未必符合国家标准。

以肉制品为例，俄罗斯只有26％的肉制品是按照国家标准生产的，余者改变制品的成分。这并不违法，因为食品符合安全要求和生产者制定的技术条件。食品是否符合国家标准是其对人食用后安全与否而非真假的唯一指标。

第三，无良黑食品加工企业置身监督之外。存在于居民楼、地下室、车库等地方的无良黑食品加工企业，从原材料到生产工艺再到最终产品均处于国家监督之外。俄罗斯现行监督法修正案规定，自然人第一次开办的企业三年内免检。这条令人费解的规定为无良黑食品加工企业钻法律空子创造了机会，经营三年关门，然后换个名字再开，其经营活动继续免于监督。

第四，有些生产者隐瞒食品添加剂和辅料。部分生产者欺骗消费者，在食品配方中不标明食品所含的添加剂和辅料成分。按照俄罗斯现行有关规定，含有40%肉和60%添加成分的食品，不能被称为香肠。这样，无论是诚信的生产者，还是不太诚信的生产者，都同样推销自己的产品。在价格相差不大的情况下，一般的消费者从外观、气味和口味方面难以区分出食品品质的高低。只有对产品配方十分了解，熟悉生产工艺和特点，并且能够通过实验来分析产品的化学成分，才能辨别产品的好坏和真伪。

第五，食品生产原料中抗生素和农药的残留。为了预防养殖牲畜和家禽生病，养殖户大量使用抗生素。为了防治农作物病虫害，农民大量施用农药。这些残留在食品原材料中的抗生素和农药使食品安全难以保证，最终通过食物链进入人体，侵害人类的健康。

|第二章|
中俄粮食安全面临的威胁

中国和俄罗斯因人口数量、人均耕地、地理气候等条件的不同，双方粮食安全面临不同程度的威胁。中国粮食安全面临来自内外部的威胁。俄罗斯粮食安全面临各种风险导致的威胁，如受到加入世贸组织后食品关税下调对俄罗斯食品市场的影响、西方制裁对俄罗斯食品市场的影响、食品质量问题时有发生等的影响。

第一节　中国粮食安全面临的威胁

中国粮食生产逐步恢复，但继续稳定增产的难度加大；粮食供求将长期处于紧平衡状态；农产品进出口贸易出现逆差，大豆和棉花进口量逐年增长；主要农副产品价格大幅上涨，成为经济发展中的突出问题。从中长期发展趋势看，受人口、耕地、水资源、气候、能源、国际市场等因素变化影响，上述趋势难以逆转，我国粮食和食物安全将面临严峻挑战。中国粮食安全面临着耕地数量逼近红线、种地成本增加、农民数量减少、粮食消费需求增加以及来自国外势力的竞争等威胁。从今后发展趋势看，随着工业化、城镇化的发展以及人口增加和人民生活水平提高，粮食消费需求将呈刚性增长，而耕地减少、水资源短缺、气候变化等对粮食生产的约束日益突出。我国粮食的供需将长期处于紧平衡状态，保障粮食安全面临严峻挑战。①

---

① 《国家粮食安全中长期规划纲要（2008—2020 年）》，http：//www.gov.cn/jrzg/2008 - 11/13/content_ 1148414. htm。

一 耕地数量逼近红线

由于中国调整农业结构、退耕还林还牧、自然灾害和非农建设占用耕地等的负面影响，耕地资源呈现逐年缩减的态势。中国耕地数量从 1996 年 12 月 31 日的 19.51 亿亩减少到 2001 年的 19.14 亿亩，到 2007 年减少到 18.26 亿亩，耕地数量逐步缩减，目前逼近 18 亿亩红线，也接近了我们心理的最后防线。目前，全国人均耕地面积 1.38 亩，约为世界平均水平的 40%。在土地执法过程中存在大量 "私了" "人情案" 等现象，导致依法保护耕地的力度被弱化，耕地红线有被打破的隐忧。

受干旱、陡坡、瘠薄、洪涝、盐碱等多种因素影响，中国耕地质量相对较差的中低产田约占 2/3。土地沙化、土壤退化、"三废" 污染等问题严重。随着工业化和城镇化进程的加快，耕地仍将继续减少，宜耕后备土地资源日趋匮乏，未来扩大粮食播种面积的空间已经极为有限（见图 2-1）。

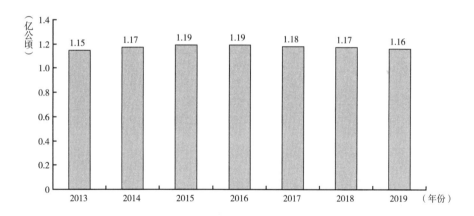

图 2-1 2013~2019 年我国粮食播种面积统计

资料来源：《2019 年中国粮食产量及分省市排行榜分析，"蝗灾" 对我国粮食产业影响有限》，https://www.huaon.com/story/514183。

二 种地成本增加

虽然近些年来我国粮价有所提高，但粮食价格上涨抵不上化肥、农药、农膜等农资产品价格的上涨，种田相对经济效益低，因此，农村青壮年劳动力大多外出打工，或者到城里做买卖，不愿再种地。以产粮大省黑龙江省为例，2018 年黑龙江省水稻、玉米、大豆平均每亩成本分别为 1295.76 元、850.73 元、588.2 元，纯收益分别为 54.23 元、57.81 元、106.98 元，纯收益加补贴分别为 79.23 元、82.81 元、213.02 元。

三　农民数量减少

农产品价格大部分处于低位，农民收益难以保证，降低了农民种地的积极性，他们只好另谋出路。此外，大多数农村青壮年劳动力外出打工，老弱妇幼留守乡村，种地的人越来越少，种地越来越难。国家统计局 2018 年发布的数据显示，截至 2016 年底，我国农业人口为 5.9 亿人左右，其中约有 3.5 亿人务农。

四　水资源短缺、自然灾害频发

目前，中国人均占有水资源量约为 2200 立方米，不到世界平均水平的 28%，每年我国农业生产缺水 200 多亿立方米。同时，我国水资源分布极不均衡，与土地资源不等量匹配。

我国北方地区水资源短缺问题更加突出。东北和黄淮海地区粮食产量占全国的 53%，商品粮产量占全国的 66%，但黑龙江三江平原和华北平原很多地区超采地下水灌溉，三江平原近 10 年来地下水位平均下降 2～3 米，部分区域下降 3～5 米；华北平原已形成 9 万多平方公里的世界最大地下水开采漏斗区（包括浅层地下水和深层承压水）。

近年来，我国自然灾害严重，不利气象因素较多，北方地区降水持续偏少，干旱化趋势严重。今后受全球气候变暖影响，我国旱涝灾害特别是干旱缺水状况呈现加重趋势，可能会给农业生产带来诸多不利影响，这将对我国中长期粮食安全构成极大威胁。

中国地域辽阔，从南到北 5500 公里，跨越热带季风气候、亚热带季风气候、温带季风气候、温带大陆性气候、高山高原气候 5 种气候类型。从东到西约 5200 公里，由海洋性气候过渡到大陆性气候。干旱、洪涝、霜冻、虫害、沙尘暴、地震、海啸等自然灾害，每年各地都会不同程度地发生，对农业生产造成严重影响，有时导致部分地区农业减产甚至绝产，颗粒无收，对国家粮食安全构成极大威胁。

五　粮食深加工能力不足

粮食加工技术是促进各国粮食高质量发展、不断扩大绿色优质安全产品供应量、打造粮食产业强国的重要依托。目前，我国 2.2 万家粮食行业企业的年销售收入为 2.9 万亿元，达到了一定的规模。但由于大多数企业的创新能力不够，我国粮食产业结构不尽合理、上下游产业链条太短、产能低端过剩等问题较为明显，无法满足居民对高端粮食产品的需求。以 2017 年为例，我国 95% 以上从事粮食初加工的企业基本没有技术含量，只是对原粮进行一般性的初级加工，其加工的粮食产品结构单一，利润空间微小，而且开工率不到 40%。我国粮食产业经济目录中的加工企业的科技研发投入为 115 亿元，还不到其销售收入的 1%，仅占 0.4%。多数专门从事粮食深加工的企业科技创新也明显不足，自主研发设备相对比较落后，同时企业的科技人才匮乏。

六　粮食消费刚性需求增加

我国粮食供需呈现"三增三减"态势：粮食产量增加，但因受眼前利益影响，库存减少；随着养殖业规模的扩大，饲料、工业用粮迅猛增加，口粮消费减少；随着城市化进程的推进，城镇粮食需求增加，农村粮食需求减少。

我国粮食"三增三减"的新变化已成为影响国内粮食供需的主要因素，每年粮食消费刚性需求增加 100 亿斤。

七　各地区农业经济发展水平参差不齐

我国各地区农业经济发展水平差异较大，总体呈现三个水平区的空间格局：东南沿海及中部湘赣地区（简称"东部地区"）农业经济发展水平高，为中等水平区；东北三省、东中部、西南以及藏、新、蒙等边疆省区（简称"中部地区"）农业经济发展水平低，为较低水平区；内陆腹地晋、陕、甘、宁、青、渝、黔（简称"西部地区"）农业经济发展水平最低，为低水平区。

我国东部地区农业经济发展水平之所以高，其原因在于该地区的经济和城镇化水平高，农业基础设施条件好，机械化水平高，农业生产多以高附加值的经济作物为主，农业服务业发展水平高，农业土地产出率、劳动生产率等较高，因而农、林、牧、渔业增加值较高，农业增长速度也较快；中部地区农业基础设施条件、农业土地产出率、劳动生产率等指标比东部地区低，大多属于粮食主产区，粮食作物占比高，农业服务业发展水平相对较低，农、林、牧、渔业增加值及其增速也较低；西部地区因自然环境和经济条件较差，其农业结构、要素投入和产出水平等条件与东部地区和中部地区相比差得多，因此该地区的农业经济发展水平最低。[1]

八 供需区域性矛盾突出

粮食生产分布不均衡，重心在向北移动。13 个粮食主产区的产量占全国总产量的 75%，其中河北、内蒙古、辽宁、吉林、黑龙江、山东、河南 7 个北方产区，粮食产量占全国的比重在 40% 以上。南方粮食生产总量在下降，其中江苏、安徽、江西、湖北、湖南、四川 6 个南方产区，粮食产量占全国的比重在 30% 左右。主销区粮食供需缺口逐年扩大，其中北京、天津、上海、浙江、福建、广东和海南 7 个主销区，粮食产量占全国的比重在 6% 左右。供需缺口近 600 亿公斤。西部部分地区因生态环境较差、土地贫瘠，当地粮食生产水平较低，存在较大的粮食供需缺口。

九 品种结构性矛盾加剧

谷物产量不稳定，品种参差不齐。小麦供需总量基本平衡，但品种优质率有待进一步提高。稻谷供需总量将长期偏紧，原因在于大米在居民口粮消费中约占 60%，并且比重还在逐步提高，由于南方地区水田不断减少，水

---

① 姚成胜、朱伟华、黄琳：《中国农业经济发展的区域差异、时空格局演变及其驱动机制分析》，《农业现代化研究》2019 年第 4 期。

稻种植面积大幅下降，恢复和稳定生产的难度很大。玉米供大于求。大豆产量太少，进口依存度过高。北方种植大豆、南方种植油菜籽比较效益低，生产缩减。粮食品种（如东北大豆、玉米、水稻）之间的争地矛盾，粮食作物与油料、棉花、烤烟等经济作物之间的争地矛盾将长期存在。

十 种粮比较效益偏低

由于农业生产资料如化肥、农药、农用柴油等的价格不断上涨，农村劳动力不足，人工成本大幅提高，农民种粮成本大大增加，导致农业比较效益下降。与进城务工的收益相比，种粮效益明显偏低，这样使保护农民种粮积极性、保持粮食生产稳定增长难度加大。

十一 来自国外势力的竞争

目前，我国粮食行业呈现"外强内弱"的竞争格局。来自外国的外资品牌企业实力雄厚、加工经验丰富、市场竞争充分、激励体系较为完备，给我国国有企业造成很大的市场竞争压力，使我国丧失了在整个粮食加工行业中的最终定价权。

以大豆为例。1994 年以前，中国大豆基本能够自足，还有少量出口。1994 年后，我国成为大豆纯进口国家。到 2011 年，中国 75% 的大豆需要进口。相应的中国人均肉类消费量从几十年前的不到 10 公斤/年增长到 2011 年的 60 公斤，与欧美国家水平接近，远超亚洲其他国家（如 2011 年韩国为 37 公斤）。

国际粮食贸易基本上被四大国际粮商垄断。我国 75% 的大豆需要进口，外国资本控制了我国大豆压榨市场，2008 年我国豆油价格从 5000 元/吨猛涨到 15000 元/吨，豆粕价格则从 2000 元/吨猛涨到 4200 元/吨，这导致我国肉类和家禽类价格暴涨，食用油和猪肉价格在这一年达到一个历史高峰。

十二 世界粮食供求吃紧

世界粮食产量增长无法满足全球消费者需求的增长，并且世界谷物库存和消费比已接近历史最低水平。2006 年以来，国际市场粮价大幅上涨，小麦、玉米、大米、大豆和豆油价格相继创历史新高。未来受世界人口增长、耕地和水资源不足以及气候异常等因素影响，世界粮食供求将长期吃紧。特别是能源越来越紧缺，油价居高不下，世界各国正在加大利用粮食转化生物能源的力度，这将进一步加剧世界粮食供求紧张局面，导致我国利用国际市场弥补国内个别粮油品种供给不足的难度大增。以大米的国际粮食市场供求状况为例。大米是各国居民的主要日常主食，在日常食物消费中占很大比重，是世界 30 亿左右人口赖以生存的基本食物。在国际粮食市场，大米的供求关系经常处于失衡状态。中国是世界最大的稻谷生产国，年产量连续多年居世界第 1 位。国际谷物理事会（IGC）的报告显示，2019～2020 年全球大米产量预计为 5.040 亿吨，略低于 2019 年 3 月预测的 5.048 亿吨，高于 2018～2019 年的 4.998 亿吨。2019～2020 年，全球大米期初库存数据从 1.583 亿吨下调到 1.578 亿吨。大米供应总量预计为 6.619 亿吨，低于早先预测的 6.631 亿吨。全球大米贸易预计为 4780 万吨，与早先的预测值一致，上年度为 4610 万吨。2019～2020 年，全球大米期末库存预计为 1.629 亿吨，低于先前预测的 1.636 亿吨，上年度为 1.578 亿吨。[①]

2011 年以来，全球大米消费量总体呈现出不断增长的趋势，给市场供应造成了巨大压力。2011 年为 4.454 亿吨，2012 年为 4.587 亿吨，2013 年为 4.685 亿吨，2014 年为 4.799 亿吨，2015 年为 4.764 亿吨，2016 年为 4.743 亿吨，2017 年为 4.864 亿吨，2018 年为 4.872 亿吨。[②] 从中国大米消费情况来看，2014 年以来正在逐步增长，从 2014 年的 1.82 亿吨增长到 2019 年的 1.94 亿吨（见图 2-2）。

2020 年，突然暴发的新冠肺炎疫情引发一些粮食出口国对本国粮食出口量进行管控，导致中国农产品价格出现较大波动，先是大豆市场价格迅速上扬；玉米销售价格紧随上涨，突破 2100 元/吨；小麦临储拍卖价格高达 2610 元。2019 年，俄罗斯向国际市场出口 3180 万吨小麦和混合麦（小麦和黑麦的混合物，通常是 2∶1 的比例）。2020 年 3 月末，俄罗斯小麦的采购价

---

① 《2019～2020 年度全球大米产量预计为 5.04 亿吨》，http：//www. chinagrain. cn/axfwnh/ 2019/06/04/4752227897. shtml。

② 《2018 年中国粮食行业发展现状及 2019 年大米发展前景预测分析》，http：//www. chyxx. com/ industry/201908/774767. html。

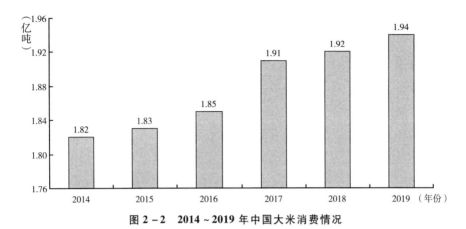

图 2 - 2 2014～2019 年中国大米消费情况

资料来源：《2019～2020 年度全球大米产量预计为 5.04 亿吨》，http：//www. chinagrain. cn/axfwnh/2019/06/04/4752227897. shtml。

已上涨到 13300 卢布/吨，超过石油价格（俄产乌拉尔牌石油价格降至 12900 卢布/吨）。2020 年 4 月，乌克兰已将小麦日均出口量从 3 月的 4.4 万吨下调到 1.4 万吨。[①]

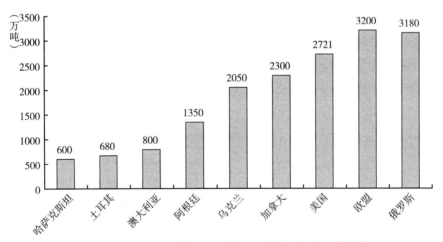

图 2 - 3 2019 年全球主要小麦出口国家或地区出口量统计

资料来源：国科农研院《全球小麦价格动荡，加剧我国小麦被动上涨》，http：// www. pinlue. com/article/2020/03/3013/5810071672541. html。

---

① 国科农研院：《全球小麦价格动荡，加剧我国小麦被动上涨》，http：// www. pinlue. com/ article/2020/03/3013/5810071672541. html。

中国小麦供给是有保障的，一方面是小麦的库存量级绝对安全（见图 2 - 4），另一方面是冬小麦生长率状况良好。截至 2019 年 12 月 31 日，中国小麦临储库存量是 7113 万吨，其中 2014 年产临储小麦 967 万吨，2015 年产临储小麦 1222 万吨，2016 年产临储小麦 2396 万吨，2017 年产临储小麦 2307 万吨，2018 年产临储小麦 221 万吨（被引用文献如此）。2019 ~ 2020 年我国临储小麦最低收购价收购量为 2227 万吨，暂不计算目前临储小麦拍卖数量，中国临储小麦总库存在 9340 万吨左右；国家统计局数据显示，全国冬小麦播种面积为 3.31 亿亩，当前全国冬小麦一、二类苗占比分别为 22%、77%，苗情基本稳定，长势总体较好，夏粮再获丰收有较好基础，这也会在一定程度上稳定市场预期。①

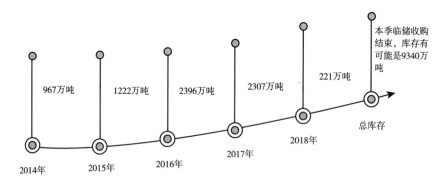

图 2 - 4　中国国家临储小麦库存量

资料来源：国科农研院《全球小麦价格动荡，加剧我国小麦被动上涨》，http：// www. pinlue. com/article/2020/03/3013/5810071672541. html。

第二节　俄罗斯粮食安全面临的风险和威胁

在俄罗斯，针对俄罗斯粮食是否安全存在不同看法。有的学者认为，俄罗斯粮食安全不存在任何威胁。而有的学者认为，恰恰相反，俄罗斯粮食安

---

① 国科农研院：《全球小麦价格动荡，加剧我国小麦被动上涨》，http：// www. pinlue. com/ article/2020/03/3013/5810071672541. html。

全处于危险之中。还有学者认为，俄罗斯粮食安全面临潜在威胁，而目前俄罗斯粮食安全状况受到对进口粮食的临时依赖性的影响较大。

一　俄罗斯粮食安全面临的风险

2010 年版的《俄联邦国家粮食安全学说》列举了俄罗斯国家粮食安全面临的风险和威胁：实际经济部门投资吸引力和国产产品竞争力下降以及最重要的经济领域对对外经济市场行情依赖导致的宏观经济风险；由于本国生产基地技术发展落后于发达国家，对食品安全及其监控体系组织的要求不同而引发的技术风险；不良气候变化与自然和技术极端情况造成的后果带来的农业生态风险；外国市场行情波动和国家扶持政策措施的实施引起的对外贸易风险。①

二　俄罗斯粮食安全面临的风险导致的威胁

上述风险对俄罗斯国家粮食安全构成的威胁能够导致粮食安全超出指标阈值，这就要求国家采取措施消除以下威胁：居民对食品有支付能力的需求不足；国内市场基础设施发展不完善；农产品、水产品、原材料和食品价格比失衡；农产品、水产品、原材料和食品生产领域创新和投资积极性不高；本国动植物遗传资源减少，专业人才匮乏；城乡居民生活水平存在差异；外国对食品生产的各种扶持措施使其产品获得人为竞争优势。

三　加入世贸组织后，食品关税下调对俄罗斯食品市场的影响

加入世贸组织后，俄罗斯 1/3 的商品进口关税下降，3 年内 1/4 的商品进口关税下降至预定水平，禽肉关税下调的过渡期最长，达 8 年。俄罗斯保留了牛肉、猪肉和禽肉的进口税配额，列入配额的产品享受税费优惠，牛肉为 15%，猪肉为 10%，禽肉为 25%。在配额规定税费框架内，牛肉的供货量为 55%，猪肉为 80%，禽肉为 65%。尽管有配额限制，直到加入世界贸易组织前，俄罗斯的猪肉进口并未减少，反而增长了 13%，超配额进口 8.5

---

① Доктрина продовольственной безопасности Российской Федерации （утв. Указом Президента РФ от 30 января 2010 г. N120） http：//base. garant. ru/12172719/# ixzz3Gwidhh4q. http：//base. garant. ru/12172719/#ixzz3Gwja89Ss.

万吨。2012 年 8 月~2013 年 1 月与 2011~2012 年同期相比，俄罗斯猪肉进口增长了 34%。[①]

四 西方制裁对俄罗斯食品市场的影响

2013 年，乌克兰出口了 120 万吨大豆，其中有 14.1 万吨出口至俄罗斯。俄罗斯宣布自 2013 年 7 月 29 日起禁止进口乌克兰的乳制品和果汁。2013 年，希腊向俄罗斯出口约 16 万吨水果，价值约 2.41 亿美元。另外，2014 年 1~4 月，俄罗斯进口的美国鸡肉价值达 7100 万美元。2014 年 7 月~2015 年 7 月和 2015 年 8 月~2016 年 7 月，俄罗斯对西方食品实行进口禁令，这导致俄罗斯自西方国家食品进口量大幅下降，俄罗斯总体食品进口量减少。

2014 年，俄罗斯向远邻国家出口的食品和原料在出口商品结构中占 3.2%，2013 年占 2.5%。俄罗斯小麦出口量增长了 61.6%，大麦出口量增长了 66.7%，植物油出口量增长了 19.5%。与 2013 年相比，俄罗斯自远邻国家进口的食品和原料的货值和进口量分别增长了 21.8% 和 45.3%。2014 年，俄罗斯向近邻国家出口的食品及其生产原材料在出口商品结构中占 8.0%，2013 年占 6.6%，出口货值同比增长 4.1%。奶酪和奶渣实际出口量增长 6.5%，小麦实际出口量增长 41.3%，植物油实际出口量增长了 32.0%。食品及其生产原材料进口比例与 2013 年持平，为 13.4%。食品供应货值同比缩减 7.7%。鲜冻肉实际采购量同比减少 24.3%，鸡肉减少 13.6%，冻鱼减少 16.2%，奶油减少 13.2%，奶酪和奶渣减少 38.1%，柑橘减少 3.1%。咖啡实际进口量增长 12.6%，含可可食品增长 14.4%。玉米增长 22.3%。在从独联体国家进口商品结构中，食品及其生产原材料的比重为 17.5%（2013 年为 16.2%）。食品供应货值和供应量同比分别下降 10.0% 和 11.5%。鸡肉实际进口量减少 15.7%，炼乳实际进口量减少 11.6%，奶酪和奶渣实际进口量减少 16.4%，小麦实际进口量减少 56.1%，含可可食品实际进口量减少 56.5%。鲜冻肉实际采购量同比增长 6.8%，牛奶和奶油实际采购量同比增长 13.4%，奶油实际

---

① Сущность и содержание процесса обеспечения продовольственной безопасности России. http：//www.moluch.ru/archive/37/4288/.

采购量同比增长 33.6%，大麦实际采购量同比增长 1.6 倍。①

2014 年 7 月 ~ 2015 年 7 月为俄罗斯与西方国家相互制裁的第一期，这就人为地限制了俄罗斯的食品进口。只要双方制裁不解除，不管俄罗斯怎样寻求新的食品供应国，俄罗斯的食品进口都会持续减少，并努力实现进口替代。2015 年 6 月 22 日，欧盟国家宣布延长对俄罗斯的制裁时间，俄罗斯同样宣布从 2015 年 8 月起延长对西方的"食品禁运"，此为俄罗斯与西方国家相互制裁的第二期。2015 年 8 月 6 日，俄罗斯总统普京宣布停止从欧盟对俄制裁国家进口农产品、食品和原料等产品。再次宣布停止进口美国禽类和农产品。8 月 7 日，俄罗斯总理梅德韦杰夫宣布，俄罗斯将"全面禁止"从欧盟、美国及其他制裁俄罗斯的西方国家进口食物，禁令立即生效，为期一年。同时，俄罗斯政府下令销毁大量从西方非法进口的食品。

俄联邦海关署公布的统计数据显示，2015 年 1 月，俄罗斯粮食进口量为 3.2 万吨，同比减少 53%；肉类进口量为 1.67 万吨，同比减少 67%；黄油进口量为 4200 吨，同比减少 65%；酒精饮料及非酒精饮料进口量为 5.48 万吨，同比减少 41%。2015 年 1 ~ 5 月，俄罗斯食品进口额为 100 亿美元，其中从加入欧盟制裁俄罗斯的国家进口的食品和农产品的数额约为 1.6 亿美元。2015 年，俄罗斯从远邻国家进口的用于生产的食品及其原料的份额占 13.7%（2014 年同期为 13.4%）。与 2014 年同期相比，食品供应的价值和数量分别减少 35.0% 和 20.5%。在从独联体国家进口商品结构中，食品及其生产原材料进口比重为 20.6%（2014 年同期为 17.7%）。与 2014 年全年相比，食品供应量增长 12.4%，其中包括新鲜猪肉和冷冻猪肉增长 34.7%，黄油增长 13.8%，奶酪和奶渣增长 19.4%。鱼和牛奶的供应量分别下降 14.9% 和 9.5%。② 2016 年，在从远邻国家进口商品结构中，食品及其生产原材料进口比重为 12.5%（2015 年同期为 13.7%），进口货值和进口量分别下降 8.1% 和 9.1%。大角牲畜肉供应量下降 22.3%，奶酪和奶渣供应量

---

① Экспорт – импорт важнейших товаров за январь – декабрь 2014 года. http：//www. customs. ru/index20495.

② Экспорт – импорт важнейших товаров за январь – декабрь 2015 года. http：//www. customs. ru/index2. php？option = com_ content&view = article&id = 22570.

下降 15.8%, 鲜鱼和冷冻鱼供应量下降 11.6%, 熟咖啡供应量下降 9.5%。在从独联体国家进口商品结构中, 食品及其生产原材料进口比重为 23.3% (2015 年同期为 20.8%), 与 2015 年全年相比, 食品供应量增长 2.2%, 其中奶酪和奶渣增长 7.4%, 黄油增长 2.7%。而猪肉供应量减少 83.8%, 柑橘减少 40.1%, 家禽肉减少 8.5%。① 2018 年 1~8 月, 食品及其生产原材料进口比重为 12.4% (2017 年同期为 12.8%)。在从远邻国家进口商品结构中, 食品及其生产原材料进口比重为 11.3% (2017 年同期为 11.6%)。从独联体国家进口商品结构中, 食品及其生产原材料进口比重为 21.4% (2017 年同期为 22.5%)。进口货值和进口量分别增长 5.6% 和 3.0%。奶酪和奶渣供应量增长 76.4%, 柑橘供应量增长 10.2%。鲜肉和冷冻肉供应量下降 37.9%, 黄油供应量下降 29.0%, 牛奶和奶油供应量下降 14.2%。②

中俄农产品贸易额每年达到 200 亿美元。在欧美与俄罗斯相互制裁不断升级的背景下, 中国将增加对俄罗斯的水果、蔬菜等食品的出口量, 两国经贸合作将进一步加强, 俄罗斯从中国进口的食品数量会明显增加。

五 食品质量问题时有发生

有关统计数据显示, 俄罗斯每年发生的食物中毒事件超过 100 万起, 其中近 5 万件为恶性案件, 主要表现: 正规合法的生产企业偷工减料, 掺杂使假, 产品不符合国家标准; 处于监督之外的地下黑食品加工; 滥用食品添加剂和辅料; 食品生产原料中残留的抗生素和农药超标; 等等。

六 农业基础设施落后

俄罗斯用于农业发展的创新应用水平不高。俄罗斯农业部门基础设施不发达, 导致农业遭受了大量的损失。俄罗斯农业科学院的统计数字显示, 由于物流运输系统的发展不能满足需求、仓储设施不足, 每年谷物损失为

---

① Экспорт - импорт важнейших товаров за январь - декабрь 2016 года. . http：//www. customs. ru/index. php? option = com_ content&id = 24772.

② Экспорт - импорт РФ за восемь месяцев 2018 года. http：//www. tks. ru/news/nearby/2018/10/04/0006.

1500 万～2000 万吨，肉类为 100 万吨，牛奶为 700 万吨；而且受基础设施所限，俄罗斯农产品出口能力很难大幅提升，这对国内生产产生了不利影响。为了完全保障对谷物的收割，俄罗斯需要 28 万台拖拉机和 9 万多台联合收割机。此外，俄罗斯农业还面临着农业干部严重短缺的问题，其原因在于农村青年向城里流动、农村居民老龄化、专业技术人员缺乏等。①

七　可耕地利用率低

发展东部地区是俄罗斯政府的战略选择。俄罗斯远东地区和西伯利亚地区拥有辽阔的土地资源，但这两个地区的可耕地利用率低于 50%。目前，在俄罗斯远东地区，农业发展落后地区人均农业生产比全俄平均水平低，谷物、蔬菜、肉类、牛奶等农产品的生产不能自给自足，俄罗斯也迫切需要摆脱农村地区的这种困境。俄罗斯远东地区农业的主要问题有两个：一个问题是资金不足，另一个问题是人力资源极为匮乏。中国与俄罗斯远东地区拥有独特的地缘优势，这为两国发展农业合作提供了新的机遇，是中国参与俄罗斯远东地区发展的最有利的基础条件。②

除了各自国家粮食安全面临的威胁之外，中俄两国还共同受到来自转基因粮食生产的食品的威胁。自转基因作物 1992 年在美国问世以来，玉米、大豆、油菜籽、棉花等农作物的种子都受到了基因操控，美国为了商业推广还申请了专利。细看这段历史不难发现，官员们欲壑难填，科学家私欲膨胀，虚假宣传层出不穷，美国国务院甚至还对欧盟等频频施压，一切的一切都是为了让世界相信他们的谎言——相比常规农作物，具有耐受除草剂功能的转基因品种"对环境更友好"，转基因就是"解决世界饥荒的答案"③。

---

① Глеб Объедков. Как Китай оценивал сельское хозяйство России и китайско – российское сельскохозяйст – венное сотрудничество. https：//www. agroxxi. ru/stati/kak – kitai – ocenival – selskoe – hozjaistvo – rossii – i – kitaisko – rossiiskoe – selskohozjaistvennoe – sotrudnichestvo. html.

② Глеб Объедков. Как Китай оценивал сельское хозяйство России и китайско – российское сельскохозяйст – венное сотрудничество. https：//www. agroxxi. ru/stati/kak – kitai – ocenival – selskoe – hozjaistvo – rossii – i – kitaisko – rossiiskoe – selskohozjaistvennoe – sotrudnichestvo. html.

③ 〔美〕威廉·恩道尔：《粮食危机：利用转基因粮食谋取世界霸权》（增订版），赵刚等译，中国民主法制出版社，2016，序第 3 页。

| 第三章 |

中俄共同保障粮食安全的
现实基础

　　中俄共同保障粮食安全具有较好的现实基础条件：山水相连，往来便利；要素禀赋互补，取长补短；内外部环境形势的推动；双方都有强烈的合作意愿；等等。在拥有诸多良好的共同保障粮食安全的现实条件基础上，中俄两国应着力加强对世界粮食安全形势的准确预判，扩大合作范围与规模，解决具体障碍性问题。

　　中俄两国均面临着粮食安全问题，双方可以通过开展农业合作来解决和缓解各自的粮食安全问题。中俄共同保障粮食安全具有地缘区位优势、要素禀赋互补、形势助推以及双方合作意愿强烈等较好的主客观现实基础，这为两国持续共同保障粮食安全创造了良好条件。中国拥有较为丰富的农业劳动力、较为宽余的资金和较为先进的种植工艺，而俄罗斯耕地资源丰富。中俄两国可以发挥各自的要素禀赋优势，大力开展农业方面的合作以共同保障粮食安全。中俄两国应充分发挥双边关系密切优势、地缘区位优势、人力资源优势、资金技术优势以及合作的传统优势等，国家和地方政府有关部门与俄罗斯对应部门尽快启动沟通协调工作，组织有实力的公司、企业到俄罗斯远东地区的阿穆尔州、哈巴罗夫斯克（伯力）边疆区和滨海边疆区进行实地考察、洽谈，争取与俄罗斯在农业产业化合作方面取得更大突破。

第一节　地缘区位优势

中俄具有开展粮食安全合作的天然区位优势，这为双方开展合作降低了生产、销售、运输等方面的成本。

中俄两国山水相连，拥有较长的共同边界，这一毗邻的地缘区位优势，多年来一直被视为双边经贸合作的一个重要客观因素。从双边层面来看，地缘优势依然"不变"，继续存在并发挥应有的作用，有利于两国人员往来和物流快捷通达。

但是，从两国区域层面来看，随着"一带一路"倡议规划的推进实施，尤其是《中俄关于丝绸之路经济带建设与欧亚经济联盟建设对接合作的联合声明》及《建设中蒙俄经济走廊规划纲要》的签署，两国加快了交通基础设施互联互通的进度。"苏满欧""沈哈欧""津哈欧""哈欧"等国际货运班列的开通并实现常态化运行，使中俄欧的物流大通道全面贯通，这将带动沿线地区的经济贸易合作与产业融合发展，构建起宏大的对外开放新格局。随着莫斯科—喀山高铁项目、同江—下列宁斯阔耶中俄铁路大桥、黑河—布拉戈维申斯克（海兰泡）黑龙江（阿穆尔河）公路大桥和跨江索道以及航空、管道、通信等基础设施节点的逐步对接、互联互通，两国毗邻地区间的地缘区位优势已不再是绝对优势，而是变成了相对优势。

在这种情况下，中俄两国的非毗邻省（区）之间的合作日渐频繁。中国南方部分省份与俄罗斯的贸易额呈现不断增长的态势，有时甚至超过中国对俄贸易大省——黑龙江省与俄罗斯的贸易额度。从俄罗斯方面来看，俄罗斯西北联邦区[①] 2014 年与中国的贸易额高达 115.08 亿美元，中国成为该联邦区第二大贸易伙伴国。中俄"长江—伏尔加"两河流域[②]的经贸、人文合

---

① 俄罗斯西北联邦区包括阿尔汉戈尔斯克州、涅涅茨自治区、圣彼得堡市、加里宁格勒州、卡累利阿共和国、科米共和国、列宁格勒州、摩尔曼斯克州、诺夫哥罗德州、普斯科夫州、沃洛格达州 11 个联邦主体。

② 中俄"长江—伏尔加"两河流域包括中方长江中上游的四川等 6 省（市）及俄罗斯伏尔加河沿岸联邦区 14 个联邦主体。

作始于 2013 年 5 月启动的"长江—伏尔加"合作机制，这两个非毗邻地区积极寻求利益契合点，以期实现合作共赢的良好愿望。长江中上游 6 省（市）占中国经济总量的 22%，是中国重要的农业基地、制造业基地。伏尔加河联邦区占俄罗斯领土面积的 6.1%，占国内生产总值的 15%，是俄罗斯重要的工业区和农业区。双方已经签署了 100 多个投资项目，其中有 21 个已经施行，另有 78 个人文领域合作项目正在落实之中。

即便如此，在便捷的交通运输和发达的通信条件下，空间距离仍然是一个重要的成本制约因素，传统的地缘优势依然是两国毗邻地区往来的一个重要条件。我国东北地区与俄罗斯东部地区（远东地区和西伯利亚地区）是两国开展农业合作的重要区域。

一　中国东北地区在本国的地位和作用

我国东北老工业基地在全国的经济发展中起着十分重要的作用，为国家的经济发展、改革开放和现代化建设做出了历史性的重大贡献。然而，改革开放以来，尤其是 20 世纪 90 年代以来，由于体制性、结构性矛盾日趋显现，东北老工业基地企业设备老化，竞争力下降，就业矛盾突出，资源性城市主导产业衰退，经济发展遇到了前所未有的困难，与沿海发达地区的发展差距不断扩大。为了在全面建设小康社会过程中促进区域经济协调发展，党和国家在实施"西部大开发"战略以后，不失时机地开始实施振兴东北等老工业基地的战略。实施东北老工业基地振兴战略，东北地区具有许多基础性的有利条件。自然资源、人力资源均有一定的优势，具有较为雄厚的产业技术基础，拥有较为便利发达的交通运输网络，具备振兴所需要的条件。

从发挥东北地区的优势出发，针对需要解决的严峻问题，国家提出：振兴东北老工业基地，必须进一步解放思想、深化改革、扩大开放，着力推进体制创新和机制创新，形成新的经济增长机制；按照走新型工业化道路的要求，坚持以市场为导向，推进产业结构优化升级，提高企业的整体素质和竞争力；坚持统筹兼顾，实现东北地区等老工业基地经济和社会全面、协调、可持续发展。同时，国家还明确提出原则要求：一是坚持深化改革、扩大开放，以改革开放促调整改造；二是坚持主要依靠市场机制，正确发挥政府作用；三是坚持有所为、有所不为，充分发挥比较优势；四是坚持统筹兼顾，注重协调发展；五是坚持自力更生为主，国家给予必要扶持；六是坚持从实际出发，讲求实效。

2002 年 11 月，中共十六大报告明确指出，支持东北地区等老工业基地加快调整和改造，支持以资源开采为主的城市和地区发展接续产业。2003 年 9 月 10 日，温家宝总理主持召开国务院常务会议，研究实施东北地区等老工业基地振兴战略问题，提出了振兴东北地区等老工业基地的指导思想和原则、主要任务及政策措施。2003 年 10 月，中共十六届三中全会通过《中共中央关于完善社会主义市场经济体制若干问题的决定》，进一步明确提出加强对区域发展的协调和指导的重要方面是振兴东北地区等老工业基地。此后不久又下发了《中共中央国务院关于实施东北地区等老工业基地振兴战略的若干意见》，就振兴东北地区等老工业基地做出系统部署，制定专门政策，决定成立国务院振兴东北地区等老工业基地领导小组。以出台《中共中央国务院关于实施东北地区等老工业基地振兴战略的若干意见》为标志，实施东北老工业基地振兴战略以来，东北三省经济持续快速增长，体制改革和对外开放不断深入，发展机制创新步伐加快。

为深入贯彻落实科学发展观，进一步加快东北地区振兴步伐，促进区域经济协调发展，经国务院批复同意，国家发展和改革委员会、国务院振兴东北地区等老工业基地领导小组办公室于 2007 年 8 月正式发布《东北地区振兴规划》。《东北地区振兴规划》标志着东北老工业基地振兴工作进入新阶段。规划范围包括辽宁省、吉林省、黑龙江省与内蒙古自治区呼伦贝尔市、兴安盟、通辽市、赤峰市和锡林郭勒盟（蒙东地区），土地面积 145 万平方公里，总人口 1.2 亿人。规划确定了东北振兴的总体思路、主要目标和发展任务，明确提出：经过 10 ~ 15 年的努力发展，将东北地区建设成为体制机制较为完善，产业结构比较合理，城乡、区域发展相对协调，资源型城市良性发展，社会和谐，综合经济发展水平较高的重要经济增长区域；形成具有国际竞争力的装备制造业基地，国家新型原材料和能源保障基地，国家重要商品粮和农牧业生产基地，国家重要的技术研发与创新基地，国家生态安全的重要保障区，实现东北地区的全面振兴。

结合已经实施、正在实施和可能实施的重要政策举措，全面振兴东北老工业基地，以下十个方面不容忽视。第一，调整产业结构，促进产业振兴。第二，调整所有制结构，大力发展民营经济。第三，调整国有经济结构，深化国有企业改革。第四，切实加强企业技术改造，这是振兴东北老工业基地的重要环节。第五，积极培育、扶持和发展接续产业。第六，促进东北老工业基地积极参与东北亚地区的经济技术合作，促使东北地区成为我国新的开放地带。第七，建立东北地区区域经济区合作框架和协调机制，推进区域经济一体化进程。第八，多渠道筹集振兴东北老工业基地所需要的资金。第九，积极搞好就业和社会保障体系建设，这是振兴东北老工业基地的重要保证。第十，完善振兴东北老工业基地的支持政策。①

二　俄罗斯东部地区在本国的地位和作用

从俄罗斯来讲，开发与开放东部地区是其重要的经济社会发展战略。不论在苏联时期，还是在当今的俄罗斯，政府都高度重视其东部地区的发展，因为这里集中了俄罗斯70%～80%的各种重要资源。因此，东部地区对俄罗斯来说，具有重要意义。一是自然资源丰富。该地是目前世界上"唯一尚未得到很好开发的自然资源宝库"，可以为俄罗斯经济提供资源保障和出口创汇。二是实现俄罗斯与亚太地区的经济一体化。凭借丰富的资源优势，俄罗斯东部地区，不仅受到俄罗斯联邦政府的高度重视，还引起了世界许多国家的关注并进行投资，因此该地区成为俄罗斯与东北亚地区开展国际经济贸易合作的热点地区之一，是实现俄罗斯与亚太地区经济一体化的重要前沿。这对俄罗斯来说，具有重要的地缘经济意义。三是东部地区对俄罗斯来说具有重要的地缘政治意义，开发远东地区，有利于维护俄罗斯的领土、主权等国家安全。四是开发东部地区，有利于俄罗斯经济与社会的发展，缩小地区间的差距。

俄罗斯远东和贝加尔地区占其国土总面积的45.2%，但该地区经济所占的比重较低，社会发展也严重滞后。自20世纪90年代中期以来，俄罗斯十分重视对东部地区的开发，制定了一系列东部地区开发的联邦政策，努力

---

① 邹东涛：《中国改革开放30年（1978～2008）》，社会科学文献出版社，2008，第23页。

发挥其地缘、资源、技术等方面的优势，实现与亚太地区的经济一体化。

1996 年 7 月 3 日，俄罗斯政府出台了《1996—2005 年远东和外贝加尔地区经济社会发展联邦专项纲要》，旨在推动该地区经济与社会的发展，缩小俄罗斯东、西部的发展差距。2002 年 3 月 19 日，俄罗斯政府发布 196 号政府令，批准执行重新修订的《1996—2005 年及 2010 年前远东和外贝加尔地区经济社会发展联邦专项纲要》。该纲要阐述了今后这一地区经济发展的总目标，即最大限度地减轻阻碍本地区适应新经济形势各种因素的影响；充分利用现有的发展条件，为迅速摆脱危机和以后加速发展创造条件。普京担任俄罗斯总统后，面对新的国际、国内形势，十分重视俄罗斯远东地区的经济发展问题，加大了对东部地区的开发力度。2007 年 3 月 27 日，俄罗斯政府制定了《2013 年前远东和外贝加尔地区经济社会发展联邦专项纲要》，计划投资 220 亿美元，加强远东地区的基础设施建设，支撑俄罗斯远东地区的GDP 由 2007 年的 800 亿美元提高到 1400 亿美元。俄罗斯国内对实施东部大开发普遍看好，认为已经进入从政策转为实施行动的新阶段。

梅德韦杰夫对俄罗斯东部地区的发展寄予厚望。2009 年 12 月 28 日，俄罗斯政府批准了《2025 年前远东和贝加尔地区经济社会发展战略》。以地缘政治利益视角，对远东和贝加尔地区的社会经济现状、进一步发展面临的挑战与威胁进行了详尽的阐述；指出远东和贝加尔地区发展的首要战略目标，是实施巩固人口数量的地缘政治发展任务，推动相关联邦主体建立起经济发达、生存条件舒适的发展环境；强调其发展模式为"加速战略"，2011 ~ 2025 年该地区要以超过俄罗斯全国 GDP 平均增长速度 0.5 个百分点的累积发展，实现达到俄罗斯经济社会发展平均水平的目标。

2012 年普京再次执政后，俄罗斯更加重视对东部地区的开发，强化其"东方政策"，成立了远东地区发展部，主导远东地区的开发工作，这在俄罗斯的历史上是前所未有的。俄罗斯远东地区发展部将在国家层面对国家计划和各联邦主体计划进行协调，并将管理相关联邦主体的财产和事务。该部的成立加强了俄罗斯总统及中央政府对远东地区的直接领导，强化了对该地区资源开发的调配能力，为远东地区的发展创造了良好机会。

普京"面向东方"的发展策略由来已久。早在 2000 年普京第一次担任俄罗斯总统时,他就看出,想依靠西方来实现俄罗斯的真正复兴,是不现实的,必须借助"东方的力量"。2009年,俄罗斯政府出台了《2025年前远东和贝加尔地区经济社会发展战略》,把提高远东和东西伯利亚地区居民的生活水平作为一项主要政策课题提了出来。同年,中俄双方正式批准了《中华人民共和国东北地区与俄罗斯联邦远东及东西伯利亚地区合作规划纲要(2009—2018年)》。2009年底,时任总理普京又签署了第2094号俄联邦政府令,批准俄联邦《2025年前远东和贝加尔地区经济社会发展战略》。2012年4月,俄罗斯又准备组建直属于总统的"远东和西伯利亚国家发展公司"。这一系列的动作表明,无论是作为国家总统还是作为政府总理,普京"面向东方"的意愿未曾改变,并且越来越强烈。

俄罗斯远东和西伯利亚地区最大的优势和吸引力就是能源和原材料资源,俄罗斯开发远东地区的战略,以此为核心。不仅是能源和原材料的出口,更重要的是吸引外资,通过发展深加工行业促进远东地区经济发展,从而达到改善基础设施、增加就业机会、提高人民生活水平、减少人口流失的目的。

通过远东地区发展部的建立和一系列远东地区发展计划的出台,俄罗斯中央政府能够更好地将政策贯彻到各联邦主体,改善远东地区的投资环境,增强投资吸引力,通过加强与中、日、韩等东北亚国家的务实合作,最终将远东地区打造成俄罗斯经济增长的新动力。

三 中俄东部毗邻地区经济合作的地位和作用

中俄东部毗邻地区经济合作在加强两国地区和双边之间的经济往来、推动东北亚地区的经济一体化进程等方面发挥着重要作用。

第一,加强两国地区和双边之间的经济发展和往来。目前,中国经济发展呈现区域化趋势,国家相继推出"西部大开发"、"振兴东北"及"中部崛起"等大型发展战略,表明今后一定时期内,区域经济发展的整体性和协调性将是国家经济发展的主要特点之一。虽然中国东北与俄罗斯远东和西伯利亚地区在两国中属于相对落后的地区,但彼此利用比较优势进行资源整合,从成本收益角度来说是双赢的。基于此,在对外开放方面,东北地区加强同俄罗斯的经贸合作是势在必行的选择。与此同时,俄罗斯的繁荣有赖于远东和西伯利亚，远东和西伯利亚的繁荣有赖于同中国等东北亚国家的合作。同样，中国的振兴寄希望于东北，东北的振兴寄希望于同俄罗斯的合作。相互依赖、相互依存的观点强烈地表现在中俄两国东部毗邻地区的经济合作中，并得到了中俄双方人士的普遍认同。东北东部铁路和哈大客运专线的建设将在能源、交通、物流及旅游等多方面使东北形成合力，极大地提升整个东北地区对俄经贸合作的能力。

中俄东部毗邻地区的经济合作是双边经济合作的重要组成部分和基础，并占据很大比例，对于扩大中俄经济合作发挥着重要作用。以黑龙江省对俄贸易为例，仅"十一五"期间，该省对俄贸易额累计实现 440.6 亿美元，年均增长 23.3%，成为拉动全省对外贸易和经济增长的重要力量。

"十二五"时期，作为破解东北地区经济结构性矛盾和问题的重要手段，扩大对俄经济合作可以在很大程度上解决制约东北地区发展的资源、能源不足和原材料成本较高等问题，并带动生产性服务业发展，促进就业，保障和支持东北地区经济社会发展。东北地区加快开展同俄罗斯东部毗邻地区的经济合作，不仅可以促进企业加快技术升级步伐，提高产品竞争力，实现与国际接轨，还可以弥补东北地区经济外向度较低的"短板"，转变经济发展方式，进一步完善东北地区开放型经济格局。黑龙江省的"哈大齐工业走廊"、吉林省的"长吉图开放开发先导区"、辽宁省的"辽宁中部城市聚集经济区"和"五点一线沿海开放带"，已经为东北地区与俄罗斯开展合作奠定了坚实的产业经济基础。对俄沿边大开放作为中国对外开放战略布局中的重要组成部分，对于促进东北地区的务实合作、加快推动东北老工业基地振兴意义重大。国际金融危机爆发后，中国对俄经贸合作进入了战略性调整时期，这也为东北地区对俄经贸合作提供了机遇。东北振兴和俄远东地区开发互动对接的全面展开，为东北地区进一步强化以地方经贸为主的"桥头堡"和"枢纽站"的功能和作用创造了有利条件。①

第二，有利于维护两国东部毗邻地区的安全与稳定。通过开展互利共赢

---

① 沈悦：《东北三省同俄罗斯远东地区经济合作现状及发展前景研究》，《黑龙江对外经贸》2011 年第 9 期。

的经济合作，中俄两国东部毗邻地区的经济社会得到了稳步、快速发展，振兴两国边境地区的社会经济，不断加深两国人民的传统友谊，促进边疆的共同繁荣和安全稳定，进而有利于巩固中俄全面战略协作伙伴关系。

第三，有利于推动东北亚地区的经济一体化进程。东北亚是世界三大区域经济一体化中心之一，作为欧亚大国的俄罗斯在无望加入欧盟的时候选择参与东北亚经济一体化进程是明智而现实的决定。俄罗斯远东和西伯利亚地区以其地缘优势、资源优势和市场容量优势成为俄参与东北亚经济一体化的最佳选项。中俄同为东北亚主要成员，积极推进该地区经济一体化进程是双方的共同诉求，符合双方的国家利益。中国是东北亚地区经济增长速度最快的国家，俄罗斯加强与中国的经济合作就是搭上了中国经济增长的高速列车，并驶入经济增长的快车道。中俄东部毗邻地区自然成为两国经济合作的优先地带，引起了各界的广泛重视。

第二节　要素禀赋互补

要素禀赋互补是中俄开展双边经贸合作的一个重要因素，其"不变"表现为中俄两国在劳动力、土地、资本、技术等要素禀赋方面至今依然存在很强的互补性，是双方不断扩大合作规模、领域的不可或缺的重要条件。较强的经济结构互补性和要素禀赋互补性，是中俄双边贸易合作持续发展的重要前提条件。

随着经济的高速发展以及产业结构的不断优化升级，中国在机械、化工等工业制成品方面的优势不断增强，而在传统的原材料、农产品以及服装纺织方面的优势逐渐让位。尽管中国经济步入"新常态"，但经济增长速度相对其他国家来说仍然较高。在这种情况下，中国经济社会发展受到资源的约束越来越突出，这就使在能源和矿产品等自然资源上具有明显比较优势的俄罗斯对中国经济发展的意义获得了进一步的提升。

中国与俄罗斯在不同商品的显示性比较优势指数（Revealed Comparative Advantage Index）上存在较大的差异性，具有较强的互补性。显示性比较优势指数是由美国经济学家贝拉·巴拉萨提出来的一种普遍用来计算比较优势的方法，同时也是一种分析贸易互补性的重要指数。具体测算标准：一个国家某种商品出口占其本国出口总值的份额与世界贸易中该商品出口占世界出口总值的份额之比。该指数可以比较准确地分析一国的某种产品在世界贸易中的优势的大小和竞争能力的强弱，从而为一国制定相关贸易政策提供可资借鉴的参考。

显示性比较优势指数的计算公式为 $RCA^k x_i = (X_i^k / X_i) / (W_x^k / W)$，其中 X_i 表示的是一国所有产品的出口额，X_i^k 表示的是一国 k 类产品的出口额；W 表示的是所有产品的世界出口总额，W_x^k 表示的是 k 类产品的世界出口总额。如果一国某出口产品的 RCA 指数比较大，那么就表明这个国家的某种商品在世界对外贸易中具有较强的比较优势，也可以表明该国在这类产品的出口方面的竞争优势非常大。当显性比较优势指数大于 2.5 时，表示该国的此类商品出口有极强的国际竞争力；当指数介于 1.25 和 2.5 之间时，表示此类商品出口具有较强的竞争力；当指数在 0.8 和 1.25 之间时，表示该类商品出口具有中等程度竞争力；而当指数小于 0.8 时，表示具有弱竞争力。

2003～2010 年，俄罗斯矿物燃料、润滑油及有关原料的显示性比较优势指数分别为 5.081、4.697、4.173、4.110、4.108、4.803、4.071、5.024，都在 4 以上，有两个年份竟在 5 以上，这说明俄罗斯在此类商品上具有超强的国际竞争力。相比之下，中国在此类商品的显示性比较优势指数极低，分别为 0.247、0.216、0.169、0.125、0.119、0.128、0.119、0.132，表明该类商品的国际竞争力极差。

为了更具有说服力，我们以 2013 年俄罗斯石油出口为例，来计算其显性比较优势指数：$RCA^k x_i = (1725/2901.3) / (33452/189540) \approx 3.37$。从计算结果可以看出，俄罗斯石油的显性比较优势指数约为 3.37，大于 2.5，这说明俄罗斯石油出口具有极强的国际竞争力。

总体来看，俄罗斯在资源密集型产品上具有较强的竞争力，原因在于俄罗斯自然资源丰富，能源、矿产、森林等资源位居世界前列，拥有极强的比较优势，在木材及其制品、铜及其制成品、铝及其制成品上具有较强的比较优势。

不过，俄罗斯以轻工业产品为主的杂项制品的显示性比较优势指数多数年份在 0.1 以下，2003～2010 年分别为 0.106、0.086、0.063、0.058、0.064、

0.052、0.031、0.078，这表明俄罗斯在该类产品上的比较优势非常小，竞争力极低。而中国以轻工业产品为主的杂项制品的显性比较优势指数在 2003 ~ 2010 年分别为 2.265、2.176、2.186、2.193、2.152、2.304、2.185、2.433，均在 2.0 以上，表明具有较强的国际竞争力。

中国轻工业产品出口具有极强的国际竞争力。以 2013 年为例，我国轻工产品出口额为 5583.38 亿美元，约占出口总额 22096 亿美元的 25%，这一年中国出口值占全球贸易出口市场份额的 11.7%，可以得出中国轻工产品出口额占全球贸易出口市场份额的 2.9%。中国已经确立了世界轻工生产大国和出口大国的地位，逐步形成了从原材料加工生产到销售服务这样一个完整的，包括生产、销售、配套的产业集群，国际市场竞争力不断提高。据俄罗斯媒体报道，"中国轻工业产品在俄罗斯市场所占的份额已接近危险程度 60%"。

从贸易互补性指数（Trade Complementarity Index）来看，中国与俄罗斯在轻工业产品、手工制成品、化工产品、机械制成品方面具有较强的出口互补性，而在原材料、初级产品方面有较强的进口互补性。

要素禀赋互补的"变"体现为中国劳动力的红利期已过，出现了劳动力由过剩向短缺的转折点，即刘易斯拐点。中国劳动力不再那么廉价，造成生产成本增加。资本方面，20 世纪 90 年代中俄两国都缺少资本，但是，随着中国经济的持续、稳步、快速发展，中国已经成为世界第二大经济体，总体经济实力增强，资本雄厚。而俄罗斯则因经济发展起伏波动，急需外国资本的投入。在资本要素上，中俄两国互补性增强。技术方面，不再是中国一味地从俄罗斯引进技术，中国某些领域的技术也得到了俄罗斯方面的认可并被引进，双方技术合作范围领域越来越广，层次日益提高。

在人均可耕地资源、人均水资源、劳动力资源、劳动力受教育程度和中央政府公共教育经费支出 5 项基本生产要素指标中，中国劳动力资源指标占据优势，俄罗斯在其他 4 项指标上拥有优势。[①] 中国拥有较为丰富的农村剩余劳动力，在 1.5 左右。俄罗斯在可耕地资源方面优势尤其明显，其农业用地资源极为丰富。目前，俄罗斯人均可耕地资源为 0.82 公顷（中国不足

---

① 崔丽莹：《中俄农业合作的条件与方向》，《俄罗斯中亚东欧市场》2012 年第 1 期。

0.1 公顷）。由于人口少，农业劳动力不足，其中有近 1/4 的耕地处于闲置状态。俄罗斯联邦经济发展部副部长斯列普尼奥夫指出，俄罗斯有不少空闲的农业耕地，目前正计划将远东地区的一部分闲置土地出租给外国人耕种。在农业科技投资强度、农业科技贡献率、农业机械拥有量、道路建设水平和水利化程度 5 项高级生产要素指标中，俄罗斯仅在道路建设水平方面优于中国，而中国其他 4 项指标均处于优势，对俄罗斯具有巨大的吸引力。[①]

中俄各自具有农业生产要素禀赋优势，而且这种优势互补明显，是两国开展农业产业化合作的基础和重要的前提条件。中国国土面积约 960 万平方公里，从北至南跨越寒温带、温带、暖温带和亚热带，热量条件优越；涵盖湿润、半湿润与半干旱、干旱两大自然地理区域。地形地质类型多样。中国极为丰富多样的土地资源类型，有利于全面发展农、林、牧、副、渔业生产。

中国现有耕地约 9572 万公顷，占全世界耕地总面积的 7.7%，居世界第 4 位。中国北部和西部的牧区与半农半牧区的天然草地约 3.53 亿公顷，占全世界草地总面积的 10%，居世界第 3 位。林地面积约 1.25 亿公顷，占全世界森林总面积的 4.1%，居世界第 8 位。森林覆盖率只有 13%，低于世界 22% 的平均覆盖率，居世界第 121 位。人均占有林地约 0.12 公顷，仅为世界平均数的 1/5 强。天然草地略多，人均占有约 0.35 公顷，不到世界平均数的 1/2。农、林、牧用地总和，中国平均每人占有 0.54 公顷，最多也不超过 0.67 公顷，仅为世界的 1/4 强至 1/3。中国土地资源的分布特点是不平衡，地区间土地生产力存在显著差异。

我国人口多、耕地少，农业技术先进，资本充裕，而俄罗斯则相反，这使中俄双方在粮食生产要素禀赋方面形成了互补。可见，要素禀赋互补，无论过去、现在还是将来，都是中俄开展双边经贸合作的一个重要因素。

第三节　长期稳定的双边农业合作基础

中国与俄农业生产合作已经取得了较为显著的成绩，并积累了较为丰富

---

① 崔丽莹：《中俄农业合作的条件与方向》，《俄罗斯中亚东欧市场》2012 年第 1 期。

的经验，奠定了双方长期稳定合作的坚实基础。农业产业化的农副产品生产，一般需要在一定区域范围内相对集中连片，从而形成较为稳定的区域化生产基地，使生产布局集中，便于管理。最近几年，中俄地区政府已经开始积极执行两国农业合作协定。黑龙江省、吉林省以及其他地区的地方政府积极鼓励和支持企业"走向"俄罗斯以开展农业合作。这些企业在俄罗斯建立并扩大了农业合作区，采用中国农业技术，雇用俄罗斯当地居民，并享有政府给予的某些优惠政策。中俄农业产业化合作应主要集中于俄罗斯的阿穆尔州、哈巴罗夫斯克边疆区和滨海边疆区3个联邦主体，通过两国政府有关部门的协调，以区域化原则为指导，以形成区域集聚效应为目标，科学安排农业生产布局，形成中俄农业产业化合作的区域生产规模，达到产业化的标准，增强辐射力、带动力和竞争力，以期释放出更大的区域集聚效应。

2017 年，中国对俄罗斯出口农产品（按照世界贸易组织的农产品分类标准）额为 18.89 亿美元，同比（2016 年为 18.58 亿美元）增长 1.67%，比 1999 年的 1.86 亿美元增长了 10 倍以上。同年，中国从俄罗斯进口农产品额为 21.17 亿美元，同比（2016 年为 19.81 亿美元）增长 6.87%，比 1999 年的 3.33 亿美元增长 6 倍以上。2010~2015 年，中国对俄罗斯农产品出口额高于进口额，改变了该时段前一直处于对俄农产品贸易逆差的状况，进入中方贸易顺差状态；2015~2017 年，中国自俄罗斯进口农产品的速度明显快于出口速度，对俄农产品贸易又回到逆差状态。从近 20 年历史数据总体来看，尽管时有起伏变化，但中俄农产品贸易整体呈现持续上升的趋势，进出口额基本保持平衡格局。①

中俄两国的农产品贸易商品结构较为单一，中国从俄罗斯主要进口水产品且占绝大多数。俄罗斯从中国进口水果、蔬菜、水产品等。根据进入世界贸易组织议定书和承诺的减让清单，俄罗斯承诺将农产品平均进口关税税率从 2011 年的 13.2% 降为 10.8%，这样俄罗斯从中国进口的水果、蔬菜、水产品享受到了较大幅度的税率减让，有些蔬菜的进口关税税率从 25% 减让到 15%。从 2016 年开始，除莴苣和部分加工过的蔬菜外，俄罗斯对绝大部分进

---

① 郭鸿鹏、吴頔：《"一带一盟"视阈下中俄农业合作发展研究》，《东北亚论坛》2018 年第 5 期。

口蔬菜实行零关税，苹果、洋葱、番茄酱等均已陆续实现零关税。2012年，中国出口到俄罗斯的水产品普遍适用15%和20%两档税率。截至2017年，中国出口到俄罗斯的水产品绝大部分已实现零关税。中国从俄罗斯进口的农产品主要是水产品、油籽和坚果，它们居从俄罗斯进口农产品的前三位，其中冷冻鱼占俄罗斯对中国食品出口的70%。从近10年中俄农产品贸易情况来看，中国进口海产品第一大供应国已非俄罗斯莫属。在中国从俄罗斯进口农产品结构中，80%以上为水产品，其中从俄罗斯进口的冷冻鱼占中国冷冻鱼进口总额的近50%。以2016年为例，中国进口海产品总额在69亿美元以上，其中从俄罗斯进口总额约为14亿美元，约占20%，与2015年相比增长了19%。在从俄罗斯进口的海产品中，冷冻鱼比重最高，占85%以上，达90万吨，总值为12亿多美元，比2015年增长15%。明太鱼在冷冻鱼中所占比例最高，2016年从俄罗斯进口的明太鱼数量为56万吨，总值超过5.8亿美元。[1]

2000年以来，中国向俄罗斯出口的农产品呈现出不断增长的趋势。2000年为1.78亿美元，2001年为2.46亿美元，2002年为4.41亿美元，2003年为5.66亿美元，2004年为5.76亿美元，2005年为6.94亿美元，2006年为8.38亿美元，2007年为11.66亿美元，2008年为13.21亿美元，2009年为11.07亿美元，2010年为14.46亿美元，2011年为18.56亿美元，2012年为18.42亿美元，2013年为19.85亿美元，2014年为21.92亿美元，2015年为17.07亿美元，2016年为18.59亿美元，2017年为18.89亿美元。[2]

最近几年，俄罗斯农业发展顺利，中国农产品市场不断放开，俄罗斯向中国出口的农产品数量有了显著增长。2017年7月1日~2018年5月15日，俄罗斯向中国出口的农产品达123.1万吨，创俄罗斯历史新纪录，而上一年度只有50.3万吨。2018年，中俄双边农产品贸易首次超过50亿美元，同比增长28.2%，创历史新高，其中中国向俄罗斯出口17.9亿多美元，从俄罗斯进口32.1亿美元。中国已经成为俄罗斯农产品出口的主要目的地，

---

① 郭鸿鹏、吴顿：《"一带一盟"视阈下中俄农业合作发展研究》，《东北亚论坛》2018年第5期。

② 郭鸿鹏、吴顿：《"一带一盟"视阈下中俄农业合作发展研究》，《东北亚论坛》2018年第5期。

目前，中国在俄罗斯粮食出口国中排在第 13 位，根据两国农业合作日益加强的态势，今后一两年中国跻身前 10 名应在预期之中。中俄两国深化大豆贸易合作的空间广阔。中国海关总署数据显示，2018 年，中国从国外进口 8800 多万吨大豆，其中从俄罗斯进口 81.7 万吨，同比增长 64.7%。俄罗斯在中国大豆进口来源地中居第 6 位，但所占比重还不到 1%。2019 年 6 月，中俄双方共同签署了《关于深化中俄大豆合作的发展规划》，就扩大两国大豆贸易、深化全产业链合作达成重要共识，并提出力争到 2024 年从俄进口大豆 370 万吨的目标，推动双方大豆贸易与合作驶入快车道。同年 7 月，中国海关总署发布公告，将从俄罗斯进口大豆的产区由远东地区 5 个州（区）扩展到俄罗斯全境，并增加海运等运输方式。[①] 2019 年 7 月，中国企业通过海运方式从俄罗斯进口大豆 4400 吨。

与俄罗斯农业投资合作是中国的一个重要对外投资方向，投资速度和所占比例整体呈现稳步增长的态势。2015 年，中国对俄罗斯的直接投资额为 29.61 亿美元，比上年增长了 367%，其中 11.7% 为农、林、牧、渔业方面的投资。中国对俄罗斯的农业投资已发生很大变化，从以前单纯的农业种植业、养殖业向农产品加工、销售、仓储、物流等农业生产的全部产业链合作转变。2016 年，中国对俄罗斯的直接投资额为 12.93 亿美元，比上一年减少了 56.3%，其中对俄罗斯农、林、牧、渔业的直接投资额为 4.3 亿美元，所占比例约为 33%。[②]

中国在俄罗斯对农业产业项目的投资涉及农产品生产、收储、加工、物流、销售等全产业链的各环节，中国投资主要集中在租种俄罗斯耕地和农业资源开发方面。通过在俄罗斯远东地区建立农业合作示范区，中俄加强了双方的资源集聚整合，有效推动了中国的农业科学技术、农机制造、劳动力资源等生产要素禀赋优势与俄罗斯丰富的自然资源禀赋优势的有机融合，促进了双方粮食生产、果蔬种植、畜牧养殖以及农产品加工等合作的良性发展。

---

① 《中俄两国产业界共探拓宽大豆合作路径》，http://heilongjiang.mofcom.gov.cn/article/sjshangwudt/201911/20191102915727.shtml。

② 郭鸿鹏、吴顿：《"一带一盟"视阈下中俄农业合作发展研究》，《东北亚论坛》2018 年第 5 期。

　　在国家的大力支持下，中国政府增加了对农业生产组织和单位的补贴，引导农业机械制造业迅速发展。目前，中国机械制造企业的产品已在农业、林业、畜牧业、渔业等各个领域得到应用。俄罗斯被认为是中国农业机械和电子工业产品出口的主要消费者之一。中俄在改进农业机械制造和农业机械贸易方面的合作将不断加深。①

　　中国在俄罗斯的农业合作投资主要集中在俄罗斯远东地区的滨海边疆区、哈巴罗夫斯克边疆区、阿穆尔州和犹太自治州。随着中俄两国各领域合作的日益发展，中国对俄罗斯的投资目的地亦随之不断向俄罗斯中西部腹地扩展，在俄罗斯的伏尔加格勒、奔萨等地先后启动了中俄农业合作项目。

　　中俄东部毗邻地区以往的农业种植合作打下了较为坚实的合作基础。以黑龙江省为例，该省与俄罗斯农业合作 90% 以上的项目集中在俄罗斯远东地区，其中阿穆尔州、滨海边疆区、犹太自治州、哈巴罗夫斯克边疆区的农业合作项目分别占黑龙江省对俄罗斯农业项目的 35.9%、32.8%、19.8%、7.6%。与俄罗斯农业合作企业主要来自黑河、牡丹江、鹤岗、鸡西等边境市县，其中黑河 48 家，约占 36.6%；牡丹江 29 家，约占 22.1%；鹤岗 12 家，约占 9.2%；鸡西 12 家，约占 9.2%。该省对俄境外农产品生产基地面积累计达到 640 万亩，境内对俄果菜出口基地面积为 120 万亩。截至目前，黑龙江省对俄劳务输出累计超过 15 万人次，劳务总收入超过 20 亿人民币。

　　黑龙江省对俄罗斯农产品贸易额占该省农产品贸易总额的 30% 左右，排在贸易对象国首位。从俄罗斯进口的农产品主要品种有大豆、小麦和玉米，其中大豆占其农产品进口总额的 80% 左右；对俄罗斯农产品出口品种主要有蔬菜和水果，它们占其农产品出口总额的 90% 左右。

　　2018 年，黑龙江省从俄罗斯进口粮食 90.3 万吨（合计 2.71 亿美元），同比增长 75.6%（占俄罗斯粮食出口总量的 1%，占全国进口俄粮的 60%）；对俄罗斯出口粮食 3.9 万吨，同比下降 1.7%。回运粮食 52.8 万吨，同比增长 1.1 倍。其中进口大豆 81 万吨，价值 2.58 亿美元，同比增长 61.3%。

---

① Глеб Объедков. Как Китай оценивал сельское хозяйство России и китайско - российское сельскохозяйственное сотрудничество. https: //www. agroxxi. ru/stati/kak - kitai - ocenival - selskoe - hozjaistvo - rossii - i - kitaisko - rossiiskoe - selskohozjaistvennoe - sotrudnichestvo. html.

与俄罗斯开展农业合作的效益较为显著，双方的农业产业化合作格局初步形成，构建起了农业种植、养殖、加工和销售产业合作链条，走出了一条农村剩余劳动力跨国转移的新路子，对我国商品粮基地建设具有重要的战略意义。

黑龙江省与俄罗斯农业合作呈现如下态势。第一，双方合作规模不断扩大。截至 2019 年 4 月，黑龙江省在俄罗斯农业备案投资企业达 159 家，占该省对俄罗斯投资合作企业的 40.8%。该省备案的对俄罗斯农业中方总投资额为 12.64 亿美元，占该省对俄罗斯总投资额的 18.0%。累计获得境外农业耕地面积 1461 万亩，其中种植面积 990 万亩，比 2005 年增长 5 倍，境外农业合作企业年生产粮食 170 万吨。第二，双方合作领域不断拓展。与俄罗斯境外农业开发合作由过去主要种植大豆和蔬菜，发展到目前的玉米、水稻、青储饲料种植、棚室蔬菜生产、生猪、肉牛和禽类养殖、粮食加工、饲料加工及仓储物流运输等诸多领域，大豆种植占俄罗斯种植总面积的 90% 以上。养殖主要种类为鸡、猪、牛。2018 年黄芪、赤芍、桔梗等中草药种植面积达到 4000 公顷。在粮食加工方面，与俄罗斯境外农业合作主要以大豆、玉米和水稻加工为主，也包括粮食加工的下游产品，如豆粕以及加工膨化颗粒饲料等。截至目前，黑龙江省企业在俄罗斯畜牧养殖生猪存栏量达 5 万头、牛 7300 头、禽 39 万只。第三，双方合作组织形式多样。在多年的与俄罗斯农业合作实践中，逐步形成了以重点企业为龙头、境外农业园区为支撑、其他农业开发企业共同发展的格局。目前，黑龙江省在俄罗斯建设农业型园区 8 家，占该省境外经济贸易合作区的 50%，累计投资 7.02 亿美元，上缴东道国税费 5970 万美元。在组织形式上，形成了企业自主开发合作模式、中俄企业合作联合开发模式、农户联合开发合作模式和国企与民营企业合作开发模式 4 种合作模式。其中，企业自主开发合作模式占 50%，中俄企业合作联合开发模式占 30% 左右，农户联合开发合作模式占 10%，其他合作模式占 10%。

第四节　两国政府高度重视

中俄两国政府均从战略高度重视国家粮食安全问题。中国政府不断加大对农业的投入力度，先后出台了免除农业税、粮食直补、农资综合补贴、农机具购置补贴等一系列支农惠农政策，使对农业的投入和产出水平大幅提高，不断增强农业经济发展的可持续性。中国政府批准了《国家粮食安全中长期规划纲要（2008—2020年）》。俄罗斯出台了《国家粮食安全学说》（2010年），采取有力措施确保国家粮食安全。

为了进一步做好农业对外开放工作，积极参与国际分工，中国商务部、农业部早在21世纪初关于进一步做好我国农业对外开放工作提出的指导意见中指出："可考虑在优惠贷款和援外合资合作项目基金项下给予支持；为农业企业'走出去'提供对外投资信贷及担保；允许有条件的农业企业通过多种途径在海外筹集资金。"

农业国际合作面临的形势更加复杂，必须立足于现有发展基础，转变发展方式，统筹国际、国内"两个市场、两种资源"，改善农业国际贸易发展环境，推动农业"走出去"和"引进来"有机结合，加强农业领域外交，为实现农业农村经济发展目标做出新的贡献。

为完成农业国际合作发展的目标和任务，需要进一步加大政策扶持力度，整合资源，增强组织保障和公共服务能力。一是政策保障。一方面，加大财税政策支持力度，扩大农业国际交流与合作专项资金规模；另一方面，强化金融保险服务：鼓励金融机构为农业国际合作项目提供信贷支持；加大政策性银行对农业投资合作企业的金融支持力度；充分发挥政策性保险公司的作用，调动商业保险公司积极性，推动建立符合中国国情的对外农业合作保险制度，拓宽保险范围。二是组织保障。各级农业部门要高度重视农业国际合作工作，将其纳入农业农村经济发展全局统筹考虑，加强组织领导，强化职能；加大农业部行业主管司局和地方农业部门参与农业国际合作力度，服务农业产业发展，推动农业领域外交。

俄罗斯在吸引外国投资方面已经制定了较为完善的法律法规。俄罗斯现行法律允许将土地长期租赁给外国人。俄罗斯经济发展部提出建议，将俄罗斯远东地区几百万公顷市场化改革以来闲置的农业用地长期租给外国投资者，出租土地只收取象征性的租金，每公顷仅为50卢布（1元人民币约合4.76卢布）。根据每块农用土地的投资规模，这些土地的租期可能长达30年至50年，远远超过目前规定的 5 年期限。俄罗斯政府官员表示，如果能够吸引外国投资者真正在俄罗斯远东地区农业领域进行较好的投资，把闲置的农用地利用起来，那么无论是对该地区的发展还是投资者来说，都将是互利双赢的。俄罗斯此次计划向外出租的土地仅限于阿穆尔州、哈巴罗夫斯克边疆区和滨海边疆区 3 个联邦主体，可出租的农业用地面积为 15 万~20 万公顷。根据气候和土壤条件，当地适合种植豆类、大米、谷类和蔬菜等作物。[①]

俄罗斯欲租赁耕地的消息一经公布，来自越南、新加坡、日本和泰国的投资者纷纷对俄罗斯的这个建议表现出了浓厚的兴趣。可见，今后中国与俄农业合作将面临激烈的竞争。

第五节　坚实的双边政治关系

政治关系是国家间往来的重要前提和基础。中俄双边政治关系的"变"体现为双边政治关系持续稳步发展，不断提档升级，其层次和内涵每上一个台阶都发生了质的变化。

自 1992 年以来，中俄双边政治关系稳步快速发展，从 1992~1993 年的一般友好国家关系发展到 1994 年的建设性伙伴关系，1996 年再提升到面向 21 世纪的战略协作伙伴关系，2010 年升级到全面战略协作伙伴关系，2014 年发展到全面战略协作伙伴关系新阶段，2019 年升级为新时代全面战略协作伙伴关系。不断升华的双边关系为两国开展包括经贸合作在内的全方位、宽领域的合作创造了良好的客观条件。坚实的双边政治关系成为中俄两国全方位合作的重要现实基础和推动因素。

2016 年 6 月 25 日，中俄两国元首在北京举行会晤。中国国家主席习近平表示，国际形势越复杂，中俄双方就更应"坚持战略协作精神和世代友好理念，加大相互支持，增进政治和战略互信，坚定不移地致力于深化中俄全面战略协作伙伴关系"。俄罗斯总统普京指出，中俄两国人民都有着"加

---

① Россия готовится сдать в аренду иностранцам земли на Дальнем Востоке – по 50 рублей загектар. 27. 01. 2012，Независимость.

强、发展我们的关系"的强烈愿望。他强调，俄罗斯应加强与中国的经济关系，并赞扬了俄罗斯与中国之间"无所不包的战略伙伴关系"。

中俄双边政治关系的"不变"是指不断巩固和深化的中俄国家间政治关系始终是两国开展包括经贸合作在内的各领域合作的重要前提和牢固基础。如果双边政治关系不稳定，甚至出现摩擦或矛盾及冲突，那么两国加强往来和交流就会受到较大影响，开展全方位合作就无从谈起。反过来，双边经济关系不好将弱化双边政治关系的物质基础，会对双边政治关系产生较大的负面影响。

第六节　稳步发展的双边经贸合作

中俄双边经贸合作态势是两国开展共同保障粮食安全合作的重要基础和前提，对两国共同保障粮食安全合作产生着重要影响。

一　双边经贸合作体量规模不断扩大

中俄双边经贸合作的额度即体量规模，一直呈现量"变"的态势，尽管个别年份有所下降，但总体呈现不断增长和扩大的趋势，体量规模向着不断扩大的方向发展、"变化"：1993 年，双边贸易额达到 76.8 亿美元的历史新高；2001 年达到 100.00 亿美元；2004 年突破 200 亿美元，达到 212.32 亿美元；2006 年突破 300 亿美元，达到 333.90 亿美元；2007 年突破 400 亿美元，达到 481.65 亿美元；2008 年突破 500 亿美元，达到 550.50 亿美元；2012 年突破 800 亿美元，达到 881.6 亿美元；2014 年突破 900 亿美元，达到 952.8 亿美元；2016 年为 661.0 亿美元；2017 年为 870.0 亿美元；2018 年突破 1000 亿美元，达到 1070.6 亿美元；2019 年延续了上一年的势头，同比增长了 3.5%，达到 1107.57 亿美元。2020 年 1~6 月为 491.6 亿美元。

中俄双边经贸合作体量规模的不断扩大，一方面表明双边经贸合作的基础较为坚实，另一方面表明双边经贸合作潜力巨大，前景值得期待。

中俄双边经贸合作的额度"不变"体现为双边经贸合作的额度在各自国家对外贸易总额中的占比仍然较低，对各自国家经济社会发展的作用和影响依然不是很大。

以双边贸易额历史上最高的 2014 年为例。2014 年，中国成为俄罗斯最大的贸易伙伴，俄罗斯是中国的第九大贸易合作伙伴，双边贸易额达到 952.8 亿美元，但仅占中国对外贸易总额的 4.1%，占俄罗斯对外贸易总额的 12.2%。

二 双边贸易商品结构显著改善

在中俄双边贸易商品结构中，"不变"的是两国的贸易商品始终主要以资源密集型、劳动力密集型的产品为主，中国对俄罗斯出口的轻工纺织品和农副产品和中国从俄罗斯进口的初级能源原材料在两国贸易商品结构中的占比一直居高不下，也就是说，传统商品在双边贸易中均保持着绝对统治地位。

从表 3-1 可以看出，2000~2003 年，俄罗斯对中国出口的工业制成品比例较高，占中国进口贸易额的比重约为 57.7%。自 2004 年开始，我国从俄罗斯进口的初级产品的贸易额超过工业制成品的贸易额，占进口总额的 62.1%，以后呈现逐年增加的趋势。随着从俄罗斯进口的初级产品额度的增长，工业制成品进口额度相应下降。在中国从俄罗斯进口的初级产品中，主要是工业原料和矿物燃料，其中石油类商品所占比重上升幅度最大，由 2000 年的 13.5% 上升到 2009 年的 44.1%。[①] 到 2013 年，俄罗斯矿物燃料等矿产品对中国的出口额占其商品出口总额的 67.76%。

表 3-1 2000~2009 年初级产品和工业制成品在中俄贸易中所占比重

单位：%

产品种类	类型	2000 年	2001 年	2002 年	2003 年	2004 年	2005 年	2006 年	2007 年	2008 年	2009 年
SITC0 – SITC4	出口	11.1	11.7	14.2	10.9	7.50	6.50	6.50	5.00	5.10	7.10
（初级产品）	进口	38.9	32.2	42.9	46.9	62.1	78.7	81.1	80.2	79.8	70.5
SITC5 – SITC8	出口	88.9	88.3	85.8	89.1	92.5	93.5	93.5	95.0	94.9	92.8
（工业制成品）	进口	55.8	66.9	55.4	52.7	37.8	21.2	18.9	19.8	20.2	29.5

资料来源：联合国商品贸易统计数据库 (http://comtrade.un.org/db/)。转引自万红先、李莉《中俄贸易商品结构及其影响因素研究》，《国际商务》2011 年第 5 期。

---

① 万红先、李莉：《中俄贸易商品结构及其影响因素研究》，《国际商务》2011 年第 5 期。

从中国对俄贸易大省——黑龙江省来看，2014 年该省对俄贸易额高达 232.8 亿美元，对俄出口商品品种合计 2829 种，额度位列前 10 的轻工纺织品和农副产品等为 72.3 亿美元，占全省对俄出口额的 80.3%，其中服装为 28.6 亿美元，鞋类为 9.8 亿美元，纺织品为 8.9 亿美元。从俄罗斯进口额度位列前 10 的能源原材料合计 139.643 亿美元，占该省从俄罗斯进口额的 80.3%，其中石油为 119.3272 亿美元，原木为 6.6893 亿美元，铁矿砂为 3.3727 亿美元。

在中俄双边贸易商品结构中，"变"体现为中国对俄罗斯出口商品结构逐步优化，纺织品等轻工产品所占比重逐年下降。从 2001～2009 年的数据来看，纺织品及原料和鞋靴出口额占中国对俄罗斯出口总额的比重从 2001 年的 63.6% 下降到 2009 年的 19.03%。自 2006 年起，机电产品（主要包括电机、电气、音像设备及其零附件；核反应堆、锅炉、机械器具及零件；车辆及其零附件）成为中国对俄罗斯出口的第一大类商品，在对俄出口贸易中所占比例不断增大（2002 年、2004 年和 2009 年，机电产品所占比重有所下降），中国向俄罗斯出口的机电产品的贸易额占对俄出口贸易总额的比例从 2001 年的 18.7% 猛增到 2009 年的 44.4%。[①]

2010～2015 年，在中国对俄罗斯出口的机电产品、纺织品及原料和贱金属及制品等主要商品（2010 年和 2011 年只有这几种商品出口额的合计数据）中，从出口额度和比例来看，机电产品总体呈不断增长趋势。例如，2012 年，机电产品、纺织品及原料和贱金属及制品是中国对俄罗斯出口的主要商品，出口额分别为 212.4 亿美元、41.2 亿美元和 38.8 亿美元，占俄罗斯从中国进口总额的 45.1%、9.4% 和 8.0%。2013 年分别为 235.0 亿美元、51.6 亿美元和 40.9 亿美元，占俄罗斯从中国进口总额的 45.5%、10.0% 和 7.9%。2014 年分别为 234.7 亿美元、49.2 亿美元和 39.8 亿美元，占俄罗斯从中国进口总额的 46.2%、9.7% 和 7.8%。2015 年分别为 170.5 亿美元、31.1 亿美元和 25.6 亿美元，占俄罗斯从中国进口总额的 49.0%、8.9% 和 7.4%。

随着中俄两国经济结构的不断调整，在双边贸易商品结构保持传统优势的基础上，机电等高附加值产品的占比将不断提高，商品结构不断优化。

---

① 李汉君：《中俄贸易商品结构存在的问题与优化》，《对外经贸实务》2010 年第 8 期。

三 双边贸易方式与合作形式丰富多样

中俄贸易方式的"变"体现为由易货贸易、边境小额贸易、补偿贸易向一般贸易、技术贸易、服务贸易等多种方式转变,而且技术贸易、服务贸易方式有不断增多之势。中俄贸易方式因时而异,不断调整的态势是"不变"的。

中俄经贸合作形式日益丰富多样,包括一般商品贸易、劳务合作、独资合资、设立境外产业园区、跨境电商合作等多种合作形式。

我们着重介绍一下"一带一路"建设背景下的中俄跨境电商合作问题。电子商务超越时空的交易方式完全颠覆了传统的商业营销模式,不但极大地拉动了国内商品零售贸易的发展,而且跨越国界推动了不同国家间的跨境贸易活动的飞速发展。跨境电商是中俄经贸合作发展的一个重要新领域、新途径及新引擎,在"一带一路"倡议视阈下,中俄跨境电商合作发展迅猛,其通关、支付、物流、监管、结汇等环节有待逐步完善。2013 年从中国发往俄罗斯的跨境网购包裹约 3000 万个,2014 年高达 7000 万个,2015 年为 1 亿个左右。2014 年阿里巴巴"双十一"国际大促销活动中,俄罗斯占据了全球交易量第一的位置。由此可见,俄罗斯已经成为中国跨境电商最具吸引力、最具价值和最具发展潜力的海外市场。2015 年"双十一"购物狂欢节,黑龙江俄速通国际物流有限公司承担哈尔滨至俄罗斯叶卡捷琳堡航空通道的运营工作,完成了 100 多万个航空小件包裹订单,占俄语国家境外买家 30% 的市场份额。黑龙江省商务厅公布的数据显示,2015 年黑龙江省对俄跨境电子商务零售出口货值突破了 4 亿美元。俄罗斯电子商务企业协会主席阿列克谢·费奥多罗夫于 2016 年 3 月 9 日在联邦委员会上表示,2015 年俄罗斯电商市场总额达 7600 亿卢布,其中跨境电子商务市场总额同比增长 5%,达到 2200 亿卢布。中国电商平台成为俄罗斯人最爱逛的网店,阿里巴巴旗下的全球速卖通(Aliexpress)成为俄罗斯 2015 年最受欢迎的网络商店,每月独立访问者数量达到 2380 万人。

2016 年,黑龙江省对俄国际邮包数量高达 948.84 万件,货重 2410.19 吨,货值近 2 亿美元。其中,"哈尔滨—叶卡捷琳堡"货运包机和"哈尔滨—新西伯利亚"、"哈尔滨—叶卡捷琳堡"客货混载方式发寄对俄国际邮政小包 878.14 万件，同比增长 12.98%；货重 2182.09 吨，货值 1.75 亿美元，同比增长 58.46%；通过绥芬河、黑河陆路运输方式发寄对俄国际邮政包裹 70.7 万件，货重 228 吨。2016 年，有 78% 的俄罗斯人从中国订购商品，中国网上商店的总销量较 2015 年增长 73%，而俄罗斯在中国网上商店购物的总人数较上一年增长了 38%。2016 年，俄罗斯在线消费者跨境采购实物商品的数额已达到 43 亿美元，即有 2.45 亿个包裹；而 2015 年跨境采购商品数额为 34 亿美元，包裹量为 1.35 亿个。2015 年和 2016 年，来自中国的履行订单份额超过了 80%，而 2013 年仅为 40%。① 2017 年，哈尔滨对俄货运包机运货量为 2912 吨，同比增长 32.9%。而自包机开通以来，哈尔滨对俄电商包机及客货混载航班已累计发运货物 8870 吨，货运量占中国对俄电商小包出口的三成以上，哈尔滨已成为国内对俄出口电商包裹量最多和对俄跨境零售出口额最大的城市。预计到 2020 年末，力争黑龙江省电子商务交易额超过 5000 亿元，对俄跨境电子商务达到全国领先水平，物流、支付、认证和信用等支撑服务体系得到进一步完善，建成协同高效的电子商务促进与服务体系，宽松有序、诚信守法、安全可靠的电子商务发展环境基本形成。

由此可见，中国与俄电子商务合作迎来了"黄金机遇期"、"黄金发展期"和"黄金跨越期"。中俄政府出台相关优惠政策支持并扶持电商开展合作，两国生产要素禀赋互补效应持续释放，产业结构存在差异。俄罗斯与西方一些国家相互制裁且延长制裁期限，为中俄加大合作力度创造了条件。两国网购用户众多，市场潜力巨大。这些因素使中俄电商合作迎来了"黄金机遇期"。

俄罗斯已成为中国跨境电商出口的第一大目的国，中俄电商合作潜力巨大。俄罗斯 6000 多万名网民之中有相当大一部分乐于网购，尤其热衷于购买中国制造的服装、鞋、帽、电子产品和箱包等商品。俄罗斯每天接收的邮包中有 10 万件来自中国。俄罗斯人在中国最大的电子商务交易平台——淘

---

① 《2016 年黑龙江对俄国际邮包近 950 万件》，http：//www.njeca.org.cn/index.php? m = content&c = index&a = show&catid = 37&id = 3937。

宝网的购物量正在迅速增长，该购物网站每天发往俄罗斯的网购商品价值达400 万美元。俄罗斯每年互联网实物商品销售额达 4400 亿卢布，每个网购者年支出大约 1.5 万卢布。2012 年，俄罗斯网购用户在国外网站网购商品约 20 亿欧元，平均每单约合 67 欧元。邮政入境快递邮件、包裹和小包数量达 3000 万件，占俄罗斯邮政邮件投递总量的 20%，其中来自中国的入境邮件量占俄罗斯邮政国际邮件的比例达 17%。2008～2012 年，俄罗斯电子商务市场营业额增长 30%～40%。俄罗斯电商营业总额：2010 年为 80 亿美元，2011 年为 105 亿美元，2012 年为 120 亿美元，2013 年为 170 亿美元，2014 年为 150 亿美元，[①] 2016 年为 157 亿美元，2017 年为 171 亿美元，2018 年为 255 亿美元。

中俄电商合作结算方式多样化且安全、高效、快捷。全球速卖通开通了面向俄罗斯消费者的电子支付平台，如 WebMoney，俄罗斯网购用户可以先对自己的 WebMoney 账户进行充值，再到全球速卖通平台购买商品，确认支付成功后，电商启动发货程序。另外，中国有的电商帮助俄罗斯一些地区发展电子支付业务，对当地的网购用户进行网络支付安全方面的宣讲，使其对网络支付充满信心。

黑龙江省不断加快第三方平台支付体系的建设步伐。例如，哈尔滨银行建成"中俄跨境电商在线支付平台"，为对俄跨境电商企业提供境外国际卡线上支付收单和俄罗斯境内电子钱包、支付终端机、移动支付业务。2015年 9 月，绥芬河市引进的第三方跨境支付企业建设的对俄跨境电商平台"绥易通"上线运行。

中国对俄跨境电商主体不断壮大。俄优选、达俄通、绥芬河购物网、中机网、Come365 商城等黑龙江本省对俄跨境电商平台主营商品品类、客户群体和网络零售额不断丰富、增加和扩大，企业竞争力稳步增强。国内知名跨境电商企业纷纷入驻黑龙江省，敦煌网"哈尔滨对俄电子商务运营中心"稳定运营，与阿里巴巴、京东、腾讯等电商加强合作，推动传统外贸企业转型升级。

---

① 姜振军：《加快推进黑龙江省对俄电子商务合作的对策研究》，《知与行》2016 年第 2 期。

对俄跨境电商产业园区建设大力推进。黑龙江省加快对俄跨境电商产业园区的建设。绥芬河中俄跨境电商产业园电商大厦已经建成并投入使用，航天丝路供应链管理有限公司等 6 家企业入驻；黑河对俄跨境电商产业园区设立电商创业综合功能区、电商应用和物流仓储功能区；哈尔滨临空经济区专项规划建设 30 万平方米的跨境电商物流基地。

在诸多有利因素叠加集聚的背景下，中国与俄电子商务合作进入"黄金发展期"，实现"黄金跨越期"的美好愿景值得期待。今后需要扩大两国海关监管结果互认口岸和商品范围，加快跨境网购商品通关速度。开设对俄电子商务外贸平台，或独立赴俄建立"海外仓"，或取长补短，合力拓展与俄电子商务合作范围。2015 年 5 月 15 日，中国京东商城与俄 SPSR Express 快递公司签署了合作协议。京东计划成为俄罗斯最大电商平台之一，使在俄罗斯的本地业务所占份额达到 90%。未来 5 年，京东商城准备将营业额做到几千万美元，这将对于促进中俄跨境电子商务合作发挥重要的引领和示范作用。2015 年 7 月 15 日，俄速通与莫斯科格林伍德国际贸易中心在莫斯科签署合作共建"俄速通—格林伍德"海外仓协议，通过海外仓提前在俄罗斯本土备货，发生交易后将交易信息传递给海外仓，由海外仓迅速完成订单接收、订单分拣、本土物流派送等一系列的业务，从而使俄罗斯网购用户体验到最快速的购物乐趣。该海外仓的建立可以将中俄跨境电商物流时间从原来的 20~30 天缩短到 2~7 天，同时也能提供其他以前俄罗斯网购用户享受不到的服务。[①]

在中国与俄罗斯毗邻地区建立现代化的物流仓储中心，对发往俄罗斯的商品进行分拣、包装、配送、结关及信息处理等。例如，在哈尔滨市、牡丹江市、绥芬河市、黑河市等对俄口岸建立现代化的大型物流仓储中心。可以发挥地缘优势，优化组合各种相关优质资源，大大降低对俄电商的物流成本，缩短商品送达俄罗斯网购用户的时间。

建立与俄电商合作联盟，制定行业规范，整合集聚业内优质资源，互通市场及相关信息，避免恶性竞争，共同促进对俄电商合作的稳步快速发展，同时加大对俄电商所需相关人才的培养力度。中国与俄电商合作快速发展，

---

① 姜振军：《加快推进黑龙江省对俄电子商务合作的对策研究》，《知与行》2016 年第 2 期。

急需大量既熟悉业务又精通俄语的专门人才。目前，有些高等院校（如黑龙江大学）已经与对俄电商企业（如俄速通）联合培养这方面的人才，实行定单式人才培养。但无论是规模，还是涵盖的业务范围，均比较有限，难以满足实际需求。

四　双边贸易结算方式可靠多元

中俄经贸合作的结算方式由最初的易货方式转向开立信用证、汇付、托收、银行保证函以及本币结算等多种结算方式。

2011 年 6 月 23 日，中国人民银行与俄罗斯中央银行签订双边本币结算协定，将双边本币结算从边境贸易扩大到一般贸易，扩大了地域范围。中俄加深金融合作有利于两国贸易投资便利化以及双边经贸合作发展，有利于促进双边贸易和投资的增长。这一措施为中俄双边和区域间经济合作创造了便利条件，并且规避了使用美元结算的汇率波动带来的风险。2014 年 10 月 13 日，中国人民银行与俄罗斯中央银行签署了规模为 1500 亿人民币（8150 亿卢布）的双边本币互换协议，旨在便利双边贸易及直接投资，促进两国经济发展。[1]

哈尔滨银行是中国境内首家卢布兑人民币直接汇率挂牌银行，开展卢布账户存款业务，成立了卢布现钞兑换中心，建立了黑龙江卢布现钞交易中心。在中俄跨境金融结算平台，俄罗斯用户可在网上用卢布支付，并直接兑换成人民币支付给国内网商企业，节约资金手续成本至少 2%。[2]

中俄经贸合作发展 28 年来，诸多因素的"变"与"不变"都深刻影响着双边合作的走势。中俄不断深化双边各领域合作，尤其是不断加强"一带一路"倡议框架下的政策沟通、设施联通、贸易畅通、资金融通、民心相通方面的合作，未来双边经贸合作的领域将不断拓展、层次不断提升、规模不断扩大，双边经贸合作将真正步入全方位"提质增量"合作的新阶段，为巩固和深化中俄全面战略协作伙伴关系奠定坚实的物质基础。

---

① 姜振军：《俄罗斯经济"向东看"与中俄经贸合作（笔谈作者之一）》，《欧亚经济》2015 年第 1 期。

② 姜振军：《"一带一路"建设背景下中俄实现"五通"问题——学习习近平总书记视察黑龙江省重要讲话》，《西伯利亚研究》2016 年第 3 期。

第七节 便捷的国际跨境物流通道

随着"一带一路"建设与欧亚经济联盟建设对接的稳步推进，中俄国际跨境物流通道日益畅通便捷，为中俄开展农业贸易与合作创造了良好的客观跨境物流通道条件。

一 对接中蒙俄经济走廊

中蒙俄经济走廊是中蒙俄三国领导人在综合"欧亚经济联盟"重心东移和蒙古国"草原之路"对外发展理念的基础上，统筹三国发展理念、国际和地区格局而提出的合作模式。该走廊包括以下 3 条线路。第一条：乌兰察布站—二连浩特—"草原之路"—乌兰巴托—苏赫巴托尔—乌兰乌德—欧俄—欧洲。乌兰察布站向南经大同辐射中原地区，向东经张家口连通京津冀，向西连通呼和浩特、包头、巴彦淖尔，辐射西部地区。第二条：大连—沈阳—长春—哈尔滨—满洲里—赤塔—西伯利亚大铁路。第三条：龙江陆海丝绸之路经济带，同俄罗斯跨欧亚大铁路、蒙古国"草原之路"的倡议进行对接，共同打造"中蒙俄经济走廊"。[①]

黑龙江省对接中蒙俄经济走廊的建设重点包括以下四个方面。一是绥芬河—哈尔滨—满洲里—俄罗斯—欧洲线路的跨境货物运输通道。打造哈尔滨两小时经济圈，辐射带动周边地区快速发展，发挥跨境货物运输通道的最大运能，运输黑龙江和东北其他地区的货物，运输俄罗斯和中国长三角、珠三角、京津冀的货物。二是增加国际货运班列。在"苏满欧""沈哈欧""津哈欧"的基础上，开通"哈欧"国际货运班列：哈尔滨—满洲里—外贝加尔斯克—赤塔—叶卡捷琳堡—莫斯科—波兰—汉堡，全程长达 9820 公里，每周对发一列，实现常态化运行。"哈欧"国际货运班列开通的意义在于全面贯通中俄欧物流大通道，使哈尔滨成为东北地区国际经贸合作的重要门

[①] 姜振军：《"一带一路"建设背景下中俄实现"五通"问题——学习习近平总书记视察黑龙江省重要讲话》，《西伯利亚研究》2016 年第 3 期。

户，带动沿线地区对外贸易和产业发展，构建起对外开放的宏大格局。三是不断完善运输节点和配套工程：哈尔滨铁路集装箱中心站，绥芬河铁路站场改造工程，牡丹江铁路货运枢纽，东宁危险化学品铁路口岸，同江铁路大桥，黑（河）布（拉戈维申斯克）跨江大桥，牡丹江—佳木斯环线铁路、绥芬河—格罗捷科沃跨境铁路改造，牡丹江—符拉迪沃斯托克（海参崴）、东宁—乌苏里斯克（双城子）跨境铁路，中俄跨国陆港通道。需要特别强调的是不断完善的牡丹江、绥芬河与俄罗斯远东地区港口之间的中俄跨境陆港通道建设和运行方式，"中俄中"（双向）、"中俄外"（双向）等具有创新性的运输模式需要各方加大推介力度，从而被广为利用，发挥其应有效用。以习近平总书记在黑龙江考察调研时的重要讲话精神为指引，经过各方努力，黑龙江省对接中蒙俄经济走廊将不断完善，在黑龙江省与亚太地区的对外交往过程中发挥应有的作用。① 四是不断加快黑河—布拉戈维申斯克黑龙江（阿穆尔河）公路大桥、同江—下列宁斯阔耶铁路大桥的建设进程，力争早日竣工交付使用。

二 共建"冰上丝绸之路"

从大连港出发，经白令海峡进入北冰洋向西抵达鹿特丹港的北方海上航线简称为"冰上丝绸之路"，俄罗斯称为"北方海上航线"，国际上称为"北极东北航道"。2012 年，中国"雪龙号"破冰船顺利通过了北极航线。2013 年 5 月，中国成为北极理事会正式观察员。2013 年 8 月 8 日，中远集团"永盛号"货轮从大连出发，经过 27 天的航行，于当地时间 2013 年 9 月10 日 15 时停靠在荷兰鹿特丹港，成为经过北极东北航道完成亚欧航行的第一艘中国商船。从成本来看，"北丝带"比经过印度洋和苏伊士运河航路短5200 公里，集装箱船或干货船可以节省 50 万～350 万美元，而且还有燃料费、运费、劳务费等其他费用支出。从安全性来看，船只在这条航线上没有被海盗劫持的风险，而在马六甲海峡和亚丁湾则经常有海盗出没。

---

① 姜振军：《"一带一路"建设背景下中俄实现"五通"问题——学习习近平总书记视察黑龙江省重要讲话》，《西伯利亚研究》2016 年第 3 期。

从发展前景来看，2020 年及以后，中国每年有几百亿至上千亿美元的集装箱货物将通过北极海上航线运输，占中国对外贸易货运量的 5% ~ 15%。"冰上丝绸之路"需要加以完善的方面包括在沿岸陆上安装现代化的导航设备，更新破冰船舰队，布局建设综合安全系统（救援应急中心）和岸上地面综合服务站。中俄双方均对合作开发"冰上丝绸之路"具有强烈的愿望，建议两国各相关部门和具体合作方尽快拟定《中俄冰上丝绸之路合作开发建设可行性报告》，提交中俄总理定期会晤委员会，从国家层面进行顶层设计、规划，协调分工，细化落实。①

在中俄共同建设"冰上丝绸之路"和资源开发合作过程中，今后需要注意以下问题。

（一）积极应对日趋激烈的国际竞争

中国在北极的合作面临着日本和韩国强有力的竞争。日本是全球最大的液化天然气消费国，其对天然气的需求和采购高峰期恰好在夏季，与北极航道夏季通航期相吻合。在通过北极航道运进能源的同时，日本还要向欧洲市场出口货物（集装箱运输）和汽车。可见，日本是北方海航道无论是东西航向，还是西东航向航行的一个重要的稳定影响因素。

日本是中国在北方海航道建设与资源开发过程中的强大的竞争对手。日本在发展战略中提出要对北海道港口进行改造，以提升港口在北方海航道密集航行中的竞争力。这可能潜在威胁到中国在北极航道项目上的地位。随着北方海航道商用航运的发展，日本将收到大量用于北极作业的特种船舶生产订单，包括油轮和航行辅助类船舶。

北方海航道未来的商业化利用在很大程度上取决于中国参与其中的亚马尔液化天然气项目（亚马尔 LNG）。目前，该项目是北方海航道建立稳定商业航线过程中最有前景的项目。日本在北极大陆架液化天然气现货市场合同份额不断增加。北方海航道无论是东西航向还是西东航向航行的稳定影响因素是欧洲和日本对天然气需求存在季节性差异。欧洲天然气需求在冬季增

---

① 姜振军：《"一带一路"建设背景下中俄实现"五通"问题——学习习近平总书记视察黑龙江省重要讲话》，《西伯利亚研究》2016 年第 3 期。

加，而夏季正值北方海航道通航期，其需求反而减少。而在日本则与其相反，夏季的天然气采购量增加，因为日本的天然气需求高峰期恰好是夏季，与北方海航道夏季通航期一致。

韩国也是中国在北方海航道建设与资源开发过程中一个强有力的竞争对手。通过北方海航道运往韩国的货物中，俄罗斯北极凝析油和石油资源占大部分。韩国出口航空和柴油燃料。从韩国角度来看，北方海航道运输液体货物前景更广阔。韩国的海港有很大的转运能力，其中蔚山港设有59个液体货物码头。韩国还打算用北方海航道运送黑色金属和化工产品废料。韩国在北方海航道具备商业利益的另一个因素是能够有机会参与提炼和运输能源原料。韩国着力发展极地船舶制造业，计划在此基础上成立自己的破冰船队，或加入冰船舶出口国行列。目前，"亚马尔液化天然气项目"所需的九艘冰级船舶制造订单交给了"大宇造船公司"。韩国重吊公司"TPI Megaline"参与了面向亚马尔项目的货物运输，这也意味需要使用相应冰级的船舶。"三星航运公司"已经向俄罗斯交付了一艘冰级为9级的船舶，并称将要为北极地区建造新型的破冰船或冰级船。

面对日本、韩国等国家的激烈竞争，中国需要做出与俄罗斯北极合作的长远规划，积极主动，抢抓先机。

（二）有计划地增加冰级船数量

目前，中国仅中远集团一家公司有能力派出船只从事北极航道运输业务。可是，中远集团也只是近3年才从2艘冰级船增长到6艘——"雪龙"号、"雪龙2"号、"永盛"轮、"天恩"号、"天惠"号和"天佑"号，它们可以在北极和南极水域航行。随着中俄北极航道建设合作与资源开发合作的不断发展，运输业务量将大幅增加，因而需要有计划地增加冰级或高冰级船的数量，以满足北极航道不断增长的运输业务需求。

（三）联合研制特种适用技术装备

由于北极地区特殊的地理位置和极寒的气候条件，一般的技术装备无法在该地正常运行。适合在北极航道航行的冰级船、核动力破冰船及其配套设备，矿藏勘探和开采设备，输送和储存设备，装卸设备，通信设备以及岸上服务相关设施等，都需要专门技术研发、特种材料制造。在北极项目合作过程中，中俄可以根据项目需要联合开展技术攻关，共同研制适合在北极极端环境条件下运行的技术装备。这样既可以节约相当可观的项目成本，又能够使两国相关技术装备制造业水平得到提高，拓展相应国际市场。

（四）联合培养和培训专门人才

无论是北极航道建设还是北极资源开发，都离不开大量专门人才。中俄可以发挥各自优势，整合资源，联合培养和培训能够在北极航道合作建设和运行、北极资源合作开发项目中胜任工作的专门人才，以保障双方北极合作项目的顺利进行。同时，双方可以立足长远，为今后的长期合作储备专门人才。

（五）着手与俄罗斯开展北方海航道沿线节点港口建设合作

在第五届"北极—对话区域"国际北极论坛上，普京总统邀请各国投资者参与建设北极沿岸港口。需要建设具有现代物流和维修服务的深水港口，也需要建设开发北极石油天然气的基地港口。中国船只在北方海航道向西进入欧洲港口，需要进行燃料补给。加油的问题必须通过建造更高冰级的大型油轮来解决，这就需要建设北方海航道的深水港口，如摩尔曼斯克、阿尔汉格尔斯克、季克西港口、堪察加港口和其他枢纽港口，经太平洋或其他海域进行过境、进口、近海运输，将符拉迪沃斯托克等枢纽连接在一起，结合其他交通工具，实现陆海联运。

最吸引中国参与俄罗斯北极项目的是阿尔汉格尔斯克的商用深水港，它可以使中国大吨位船只经由北方海航道驶向欧洲或北美，因为该港口能接纳排水量为 7.5 万吨、吃水深度为 14.5 米的货船。俄罗斯计划在阿尔汉格尔斯克的商用深水港建设 6 个独立码头。预计到 2035 年，该港口货物吞吐量可达到 3790 万吨，所需投资额约为 20 亿美元。

（六）大项目模块化及其智能监测

根据亚马尔 LNG 项目及其他大型国际合作项目管理模式的经验和教训总结，中俄北极合作需要把以国有企业为参与主体的大项目作为抓手，以技术输出和股权投资为主循序渐进地推进港口、铁路等交通基础设施建设，只有将大项目模块化并对其进行智能监测，才能同时满足相关要项的需求。

大项目模块化是一种智能化策略，把大项目管理作为一种模块化来运用，通过将工程项目中的各项活动，包括生产各项业务活动的流程进行数据化和智能化组织或重组，以便能够采用项目管理方法和技术对其分别或分段进行管理，以实现对大项目中的各项活动进行高效的计划、组织、协调和控制，最终高效、成功地实现大项目的目标。亚马尔 LNG 项目工厂模块化建设的成功经验，可以为其他北极合作项目提供有益的借鉴。

大模块化是使合作各方将已有的知识和资源单元化，使其趋近于标准化，并有系统地整理成各常用的模块；重复性地使用常用的单元，使既有的知识不断地得到使用，也算是一种知识管理。北极国际合作大项目模块化不但能够预防和化解相当大的风险，而且能够优化配置国内外厂家的资源，提高劳动生产率。

大项目模块化智慧监测还能够帮助外交机构充分了解北极合作情势，第一时间获取北极信息，引导国际事务走向，提高外交机构的北极应急管理意识及应急管理能力，加强从预警机制到应急措施再到恢复建设等阶段的工作，以防止突发事件的发生，并且能够在突发事件发生后，尽可能将损失和危害降到最低，维护北极大型合作项目的安全稳定运行。

（七）不断复制"亚马尔 LNG 开发合作模式"

亚马尔 LNG 开发合作模式已经成为北极大型开发项目的经典成功范例，具有可效仿性、可复制性。该模式业主方包括至少 3 个国家的著名企业，同时资金渠道亦多元化，按照不同持股比例出资，使项目资金有保障。参与项目具体开发建设业务的分包单位众多，通过业务精细化分解、系统化管理，确保了项目的质量和工期。以后类似项目可以不断复制亚马尔 LNG 开发合作模式，使之成功合作的效应逐步放大。

（八）中俄北极合作安全保障服务系统

以北极泄油事件及风险预警处理为例，建设中俄北极合作安全保障服务系统，分析北极发生泄油事件所造成的环境、经济及文化上的冲击。通过案例分析，分别归纳出各种冲击的方向，以提供建立北极环境风险评估模式的参考。另外，通过对海难历史事件的统计分析，了解北极海域发生船难的地理位置分布，作为风险评估泄油事件发生频率的参考，实现中俄北极合作的油污染风险预警。

（九）构建联合应对突发事件快反机制

在北方海航道，船舶航行过程中可能遇到被浮冰围困或其他意外情况。在资源开发过程中可能出现气体或液体泄漏，或其他可能导致生态环境污染的生产事故，或人员患病需要紧急救治等意外情况。上述紧急情况均需要中俄双方紧急救援，这就需要双方成立专门处理紧急事件联合工作组，构建起联合应对突发事件快反机制，一旦出现紧急问题，及时沟通联络，派出应急处理人员，采取有效措施加以施救或控制，消除污染事件。

三　对接"滨海1号"和"滨海2号"国际跨境运输走廊

建设"滨海 1 号"和"滨海 2 号"国际跨境运输走廊是发挥中国、俄罗斯远东地区和蒙古国跨境运输潜力的一个最为重要的手段。俄罗斯远东地区的发展不仅与俄罗斯联邦外交发展有关，也与这两个运输走廊独特的地缘优势、国际联系和国际一体化的特点以及边境地区合作相关。"滨海 1 号"国际跨境运输走廊（以下简称"滨海 1 号"）的规划路线：哈尔滨—牡丹江—绥芬河/波格拉尼奇内、绥芬河/格罗捷阔沃、东宁/波尔塔夫卡—乌苏里斯克—符拉迪沃斯托克/东方港/纳霍德卡海上航线（中国东南沿海港口）；"滨海 2 号"国际跨境运输走廊（以下简称"滨海 2 号"）的规划路线：长春—吉林—珲春/克拉斯基诺、珲春/马哈林诺（卡梅绍娃雅）—扎鲁比诺港海上航线（中国东南沿海港口）。[①]

（一）"滨海1号"和"滨海2号"建设的目的与任务

"滨海 1 号"和"滨海 2 号"建设的目的与任务：加强参与国之间的国际经济合作，俄罗斯与亚太地区实现经济一体化，促进沿线区域（首先是远东地区和贝加尔地区）经济社会发展，减少风险和费用，提高保存货物和遵守运抵期限的货物运输效率。货物运输效率的提高主要依靠基础设施的发展、更新和现代化，提高其通行能力，优化供货方式，发展现代物流中

---

① 姜振军：《中俄蒙共同建设国际跨境运输走廊问题研究》，《北方经济》2019 年第 7 期。

心,消除行政壁垒。[1]

（二）"滨海1号"和"滨海2号"的货物来源

作为综合性项目,"滨海1号"和"滨海2号"的稳步发展需要保障其物流来源,主要包括5个货物来源。

第一,俄罗斯滨海边疆区各港口方向的国内往返货运。该货物来源包括俄罗斯进出口货流和亚洲与欧洲跨境货流。2015年货流总量为1亿吨,2020年达到1.2亿~1.6亿吨。远东地区原材料基地的发展是货运量增长的主要来源。2020年之前,远东地区煤炭、铁、铜和多金属矿的开采量有望达到0.55亿吨。矿物原料的运输首先集中在纳霍德卡港、东方港、瓦尼诺港、中国和蒙古国方向。

与此同时,远东地区出口货物的主流形成于各海港,包括现有的应过境俄罗斯的欧亚跨境货流,但不经过"滨海1号"和"滨海2号"沿线各陆上口岸。

第二,中国和俄罗斯的陆上货物运输。中国和俄罗斯之间在远东地区开展陆上贸易往来的基础在于俄罗斯原材料、建筑材料和肥料的出口。"滨海1号"和"滨海2号"的发展能够改善中俄货物运输路线的运输条件,却无法为大幅度提高对外贸易额创造额外的前提条件。2020年,依靠"滨海1号"和"滨海2号"的发展,商品流转额仅能增长到0.35亿吨。

第三,中国东北各省与亚太地区国家的对外贸易货物。中国东北各省（区）与亚太地区国家的主要进出口货物经过辽宁省各港口进行运输,2015年,货物运输总量从0.07亿吨增长到0.1亿吨,之后各年增长潜力巨大。为在俄联邦境内运输货物,还需要提高公路过货能力,增强远东地区港口吞吐能力,构建中国货物经滨海边疆区跨境运输便利化机制。

第四,经中国和中亚的跨境物流,亚太地区国家和俄罗斯远邻国家货物经中国再出口到中亚地区。例如,2015年货物运输总量为0.1亿吨。

---

[1]　Концепция развития международных транспортных коридоров 《Приморье – 1》 и 《Приморье – 2》, утверждение правительством Российской Федерации Концепции развития МТК 《Приморье – 1》 и 《Приморье – 2》 27. 12. 2016г. （№ ЮТ – П9 – 7988）. http: // static. government. ru.

第五，中国东北地区各省与中部和南部省份的国内货物运输。该物流的主要运输路线为经辽宁省的各海港和连接东北地区与南部省份的铁路线。2015 年货物运输总量为 0.25 亿~0.30 亿吨。从中国东北地区的吉林省和黑龙江省向中部省份的货运量每年为 0.25 亿~0.30 亿吨。目前，这一方向的铁路运输能力已经饱和，因此向辽宁省大连港和营口港的物流前景广阔。

数据显示，25 年时间里，在铁路运货能力未明显增长的情况下，中国铁路货物运输总量增长了近 5%~6%。中国全国铁路货运平均水平达到 30450 吨（毛重）/公里，居世界第 1 位。

中国东北地区各省份的大城市距离港口平均距离都在 1000 公里以上，这意味着物流费用较高。如果经过俄罗斯滨海边疆区境内，能够使陆上运输距离缩短 200~500 公里，运输成本降低 10%~40%。

2015 年 7 月 13 日生效的《符拉迪沃斯托克自由港法》（第 212 号联邦法）对"滨海 1 号"和"滨海 2 号"的发展产生了十分积极的影响。据估计，到 2030 年前，"滨海 1 号"和"滨海 2 号"货物基地的潜在货运量将达到 0.45 亿吨。其中，"滨海 1 号"的为 0.07 亿吨集装箱货物，"滨海 2 号"的为 0.23 亿吨谷物（小麦、大豆、稻米）和 0.15 亿吨集装箱货物。如果获得这一额度的货运量，能够最大限度地有效发展俄罗斯远东地区水域港口换装能力设施，以及铁路和其他物流设施。

| 第四章 |
中俄共同保障粮食安全的主要任务

中俄保障粮食安全的任务，包括两国各自保障国家粮食安全的任务和双方共同保障粮食安全的任务。中国保障粮食安全的主要任务包括认真贯彻保障国家粮食安全的指导思想，必须坚持保障国家粮食安全的原则，保持粮食产量稳步增长，提高粮食综合生产能力，加快粮食流通体制改革步伐，不断完善粮食安全政策支持体系，逐步完善粮食宏观调控体系等。俄罗斯国家保障粮食安全的主要任务包括对国家粮食安全的内外部威胁进行及时预警、弄清和消除，依靠保障居民食品及其战略储备机制将其不良后果降至最低；国产粮食及原料的稳步发展，能够保障国家粮食供需独立；确保每个公民都能获得安全的、积极健康生活所需的食品，其数量和品种符合食品消费合理标准。为保障粮食安全，俄罗斯政府采取了完善支持农业发展法律法规体系、不断健全确保粮食安全的机制、确定国家粮食安全的指数体系等各种较为有效的宏观措施，同时针对实际情况采取了具体应对措施。

第一节　中国保障粮食安全的主要任务

为保障国家粮食安全，中国政府明确了保障国家粮食安全的指导思想和原则，着力保持粮食产量稳步增长，提高粮食综合生产能力，加快粮食流通体制改革步伐，不断完善粮食安全政策支持体系，逐步完善粮食宏观调控体系等。

一　认真贯彻保障国家粮食安全的指导思想

保障中国粮食安全，要以邓小平理论、"三个代表"重要思想、科学发展观、习近平新时代中国特色社会主义思想为指导，按照全面建设小康社会、构建社会主义和谐社会和建设社会主义新农村的战略部署和总体要求，坚持立足于基本靠国内保障粮食供给，加大政策和投入支持力度，严格保护耕地，依靠科学技术进步，着力提高粮食综合生产能力、完善粮食流通体系、加强粮食宏观调控，构建适应社会主义市场经济发展要求和符合中国国情的粮食安全保障体系。①

二　必须坚持保障国家粮食安全的原则

第一，强化生产能力建设。严格保护耕地，特别是基本农田，加强农田基础设施建设，提高粮食生产科技创新能力，强化科技支撑，着力提高粮食单产水平，优化粮食品种结构；合理利用非耕地资源，增加食物供给来源。

第二，完善粮食市场机制。加强粮食市场体系建设，促进粮食市场竞争，充分发挥市场在资源配置方面的基础性作用。

第三，加强粮食宏观调控。完善粮食补贴和价格支持政策，保护和调动地方政府重农抓粮积极性和农民种粮积极性。健全粮食储备制度，加强粮食进出口调剂，健全粮食宏观调控机制。

第四，落实粮食安全责任。坚持粮食省长负责制，增强销区保障粮食安全的责任。

第五，倡导科学节约用粮。改进粮食收获、储藏、运输、加工方式，降低粮食产后损耗，提高粮食综合利用效率。倡导科学饮食，减少粮食浪费。②

第六，加强对农业转基因生物监管。2018 年 1 月 22 日，中国农业部办

---

① 《国家粮食安全中长期规划纲要（2008—2020 年）》，http：//www. gov. cn/jrzg/2008 - 11/13/content_ 1148414. htm。

② 《国家粮食安全中长期规划纲要（2008—2020 年）》，http：//www. gov. cn/jrzg/2008 - 11/13/content_ 1148414. htm。

公厅印发《2018 年农业转基因生物监管工作方案》。该方案旨在确保中国农业转基因生物研究、试验、生产、经营、进口和加工等活动的规范有序。要严格按照《农业转基因生物安全管理条例》等规章要求，认真落实农业转基因监管职责，严厉打击农业转基因生物非法试验、制种、经营、种植、进口和加工等行为，保障中国农业转基因生物产业健康有序发展。特别是加大对重点区域，如东北粮食生产区、西北西南制种基地和种子生产基地、沿海进口农产品加工区等的监管力度；将从事农业转基因研发、生产、加工、经营活动的单位全部纳入监管范围，对涉农试验基地、种子生产基地、南繁基地全覆盖抽检；加强研发、制种源头管理，防范转基因材料扩散，防止非法转基因种子下地，斩断非法种植的源头；强化职责分工和统筹，加强与公安、工商等相关部门协调，努力形成市场主体自律、政府监管、社会监督的农业转基因生物监管新局面；加强对研究试验环节、南繁基地、品种审定（登记）环节、制种基地和种子加工经营环节、进口加工环节等的监管。

黑龙江省是产粮大省和国家重要粮食生产基地，黑龙江省委、省政府高度重视依法禁止种植转基因粮食作物和非法生产、经营转基因粮食作物种子。2016 年 12 月 16 日，省人大常委会审议通过了《黑龙江省食品安全条例》，明确规定依法禁止种植转基因粮食作物和非法生产、经营转基因粮食作物种子；要强化监管力度，严厉打击非法销售转基因粮食作物种子行为，保障全省农业生产健康发展。

三 增强粮食生产能力，保持粮食产量稳步增长，提高粮食综合生产能力

目前，中国全国耕地总面积为 13488 万公顷，与 1996 年相比，增长了480 多万公顷，粮食作物播种面积达到 11700 多万公顷，与 1996 年相比，增长了约 450 万公顷，[①] 这是保障国家粮食生产规模、粮食产量和粮食安全的重要基础和前提。我们必须牢牢守住耕地保护红线，按照《全国土地利用总体规划》的要求，对所有占用耕地特别是优质耕地的建设项目实行

---

① 《中国的粮食安全》白皮书，http：//www. scio. gov. cn/ztk/dtzt/39912/41906/index. htm。

严格控制审批，推行耕地占补平衡政策，把建设用地"增存挂钩"机制落到实处，不可逾越12000万公顷耕地红线。要不折不扣地贯彻落实永久基本农田特殊保护制度，圈定永久基本农田10300多万公顷，任何项目不能触碰。

认真实施《全国高标准农田建设总体规划》，不断提高耕地地力，加强保护生态环境，对耕地实行数量、质量、生态"三位一体"的全面保护，对中低产田进行改造，建设具备集中连片、旱涝保收、稳产高产、生态友好条件的高标准农田。目前，中国已经累计建成高标准农田4260多万公顷，项目区耕地质量提升1~2个等级，每公顷粮食产量增长1500公斤左右，粮食生产能力得到显著提升。

建立粮食生产功能区和重要农产品生产保护区。全国已划定玉米、小麦、水稻等粮食生产功能区6000万公顷，大豆、油菜籽等重要农产品生产保护区约1500万公顷。加强建设东北稻谷、玉米、大豆优势产业带，形成黄淮海平原小麦、专用玉米和高蛋白大豆规模生产优势区；打造长江经济带双季稻和优质专用小麦生产核心区；提高西北优质小麦、玉米和马铃薯生产规模和质量；重点发展西南稻谷、小麦、玉米和马铃薯种植；扩大东南和华南优质双季稻和马铃薯产量规模。优化区域布局和要素组合，促进农业结构调整，提升农产品质量效益和市场竞争力，保障重要农产品特别是粮食的有效供给。[1]

通过测土配方施肥、推广秸秆还田、绿肥种植、增施有机肥、地力培肥土壤改良等综合配套技术路径，持续提高耕地质量。大力实施《全国耕地休养生息规划》，实行耕地轮作休耕制度试点。把化肥和农药的施用量控制在适度的范围内，防止各种形式对耕地造成的污染，以保护耕地的生态环境。加快灌区续建配套与现代化高效节水改造，推进小型农田水利设施达标提质，实现农业生产水资源科学高效利用。[2]

20世纪90年代以来，中国农业生产迈上了新台阶，粮食进入供求基本

---

① 《中国的粮食安全》白皮书，http://www.scio.gov.cn/ztk/dtzt/39912/41906/index.htm。

② 《中国的粮食安全》白皮书，http://www.scio.gov.cn/ztk/dtzt/39912/41906/index.htm。

平衡、丰年有余的新阶段，食物供给水平不断提高。

20世纪90年代中期，中国粮食产量突破5000亿公斤，其中谷物超过4500亿公斤。"九五"期间，粮食产量基本保持在5000亿公斤。中国多数年份粮食产量在5亿吨以上，2013年以来每年都超过6亿吨。2008年为5.287亿吨，同比增长约2.4%；2009年为5.308亿吨，同比增长约0.4%；2010年为5.465亿吨，同比增长约3.0%；2011年为5.712亿吨，同比增长约4.5%；2012年为5.896亿吨，同比增长约3.2%；2013年为6.019亿吨，同比增长约2.1%；2014年为6.397亿吨，同比增长约6.3%；2015年为6.606亿吨，同比增长约3.3%；2016年为6.604亿吨，同比下降约0.03%；2017年为6.616亿吨，同比增长约0.2%；2018年为6.579亿吨，同比下降约0.6%。[①] 中国连续6年粮食产量超过6亿吨，2019年为6.638亿吨，同比增长约0.9%。

中国农业生产条件逐步改善，粮食综合生产能力稳步提高，为了提高粮食综合生产能力，重点建设十大工程。大型商品粮生产基地：在粮食主产省及非主产省的重要粮食产区，以地市为单位，集中连片建设大型商品粮生产基地，重点加强小型农田水利、良种繁育等粮食生产基础设施建设，提高粮食综合生产能力；优质粮食产业工程：在粮食生产县（场），建设标准粮田，提高粮食综合生产能力；粮食丰产科技工程：在粮食生产区，建立核心试验区、示范区、辐射区，研制优化丰产技术新模式，力争在小麦、水稻、玉米三大粮食作物超高产优质品种筛选利用、粮食主产区大面积持续均衡增产、粮食无公害生产、粮食防灾减灾和产后减损等领域取得重大突破；生产育种专项：围绕提高农产品品质、效益，促进农业产业结构调整，选育并大面积推广应用优质、高产、高效、多抗的农业新品种，培育具有核心竞争力的大型种业企业（集团），使中国农业新品种的推广和应用取得重大突破，显著提高农产品产量和效益；种子工程：加强农作物种质资源保存、品种改良、良种繁育及种子质量监测等基础设施建

---

① 《国家统计局关于2018年粮食产量的公告》，http://www.stats.gov.cn/tjsj/zxfb/201812/t20181214_1639544.html。

设，使良种覆盖率稳定在95%；农业科技入户工程：以优势农产品和优势产区为重点，以推广主导品种、主推技术和实施主体培训为关键措施，实现培育100万个科技示范户，辐射带动2000万农户发展1万个新型农业技术服务组织；大型灌区续建配套和节水改造工程：开展灌区续建配套和节水改造工程，提高灌区水利用效率和灌区生产能力，力争到2020年基本完成全国大型灌区续建配套和节水改造任务；大型排涝泵站改造工程：实施中部粮食主产区大型排涝泵站更新改造，进一步增强排涝能力，促进农业综合生产能力的提高；旱作农业示范工程：建设农田抗旱节水设施，推广旱作农业节水技术，提高降水利用率、土地肥力和抗旱能力，提高旱区农业生产水平；植保工程：加强农业有害生物预警与监控体系、优势农产品有害生物非疫区、技术支撑等建设，提高中国抵御农业有害生物侵害的能力。[①]

到2020年，全国新增有效灌溉面积、新增节水灌溉面积不断扩大，全国耕、种、收综合机械化水平不断提高，农业科技进步贡献率逐步提高，良种覆盖率达到95%以上；粮食单产水平显著提高，谷物亩产355公斤，创历史最高水平；粮食品质结构不断优化，优质小麦、水稻种植比重分别达到55%和69%。

到2020年，全国食物供给丰富多样。肉类产品人均占有量50多公斤，禽蛋人均占有量20公斤左右，牛奶人均占有量约30公斤，水产品人均占有量近40公斤。

未来10~20年，随着中国城镇化步伐的不断加快，大量农村剩余劳动力将向城镇流动转移；与此同时，中国社会人口老龄化趋势日益严峻，将导致中国农业劳动人口在未来20年呈现持续减少的态势。这样，中国农业劳动人口的减少将加快粮食种植规模化的进程，而粮食种植规模化有望改变产业链"两端散，中间小"的格局。2014年，中国农业劳动力数量约为2.49亿人，占全国总劳动力的32%，虽然比重较1980年已减少

---

① 《国家粮食安全中长期规划纲要（2008—2020年）》，http：//www.gov.cn/jrzg/2008 - 11/13/content_ 1148414. htm。

50%，但与欧美发达国家 10% 的占比相比，仍然偏高。根据公式"农业劳动力数量＝劳动年龄人口×劳动年龄人口参与率×农业就业人口占比"对未来进行推算，可以得出 2025 年和 2035 年中国农业劳动力的数量将分别为 2.03 亿人和 1.63 亿人，与 2014 年相比分别下降 18% 和 35%。假设粮食种植占用 80% 农业劳动人口，以 2014 年粮食种植面积为标准计算，2014 年种植业人口人均耕地面积为 6.8 亩，2025 年为 8.3 亩，2035 年达到 10.4 亩（见图 4-1）。①

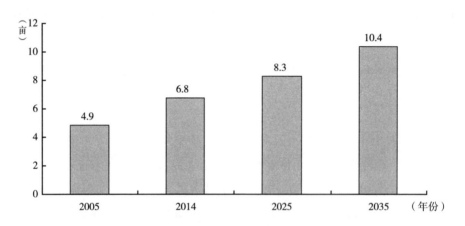

图 4-1　2035 年全国种植业人口人均耕地面积预测

资料来源：《2011～2015 年中国粮食产业生产现状与发展趋势分析报告》，http://free. chinabaogao. com/nonglinmuyu/201712/12293111052017. html。

从保障国家粮食安全主要指标米看，到 2020 年，中国必须确保耕地面积达 18 亿亩或以上，其中用于种粮的耕地面积在 11 亿亩以上，实际应达到 15.8 亿亩，其中谷物播种面积 12.6 亿亩，全国粮食综合生产能力超过 5400 亿公斤，其中谷物产量超过 4750 亿公斤，肉类总产量达到 7800 万吨，禽蛋产量 2800 万吨，牛奶总产量 6700 万吨，国内粮食生产与消费比≥95%（见表 4-1）。

---

① 《2011～2015 年中国粮食产业生产现状与发展趋势分析报告》，http://free. chinabaogao. com/nonglinmuyu/201712/12293111052017. html。

表 4 – 1　2010 年、2020 年保障国家粮食安全主要指标

类别	指标	2007 年	2010 年	2020 年	属性
生产水平	耕地面积(亿亩)	18.26	≥18.0	≥18.0	约束性
	其中:用于种粮的耕地面积	11.2	>11.0	>11.0	预期性
	粮食播种面积(亿亩)	15.86	15.8	15.8	约束性
	其中:谷物	12.88	12.7	12.6	预期性
	粮食单产水平(公斤/亩)	316.2	325	350	预期性
	粮食综合生产能力(亿公斤)	5016	≥5000	>5400	约束性
	其中:谷物	4563	≥4500	>4750	约束性
	油料播种面积(亿亩)	1.7	1.8	1.8	预期性
	牧草地保有量(亿亩)	39.3	39.2	39.2	预期性
	肉类总产量(万吨)	6800	7140	7800	预期性
	禽蛋产量(万吨)	2526	2590	2800	预期性
	牛奶总产量(万吨)	3509	4410	6700	预期性
供需水平	国内粮食生产与消费比例(%)	98	≥95	≥95	预期性
	其中:谷物	106	100	100	预期性
物流水平	粮食物流"四散化"比重(%)	20	30	55	预期性
	粮食流通环节损耗率(%)	8	6	3	预期性

注：2007 年有关产量数据以统计局最终公布数据为准。

资料来源：《国家粮食安全中长期规划纲要 (2008—2020 年)》，http://www.gov.cn/jrzg/2008 – 11/13/content_ 1148414. htm。

四　大力发展粮食产业经济

不断促进国家粮食产业转型升级。按照"粮头食尾""农头工尾"的原则，通过粮食加工企业的带动，延长粮食产业链，提高粮食价值链，推动粮食向精深加工转化，使居民膳食更加多元化，构建粮食供应链，着力落实国家优质粮食工程，从而更加全面地保障国家粮食安全。

五　构建国家粮食科技创新体系

不断增强科技在粮食生产中的重要作用。在培育推广玉米、大豆、水稻、小麦等良种上开展重大科研联合攻关。已经基本建立起杂交玉米、矮败小麦、超级稻等高效育种技术体系，大面积推广应用优良品种，主要粮食作物良种基本实现了全覆盖。广泛应用的农业科技促进了粮食增产。2018 年，国家农业科技进步贡献率达到 58.3%，比 1996 年的 15.5% 提高了 42.8 个

百分点。大面积推广科学施肥、节水灌溉、绿色防控等技术，水稻、小麦、玉米三大粮食作物的农药、化肥利用率分别达到 38.8%、37.8%，大幅降低了病虫草害损失率。自 2004 年实施国家粮食丰产科技工程以来，粮食增产累计 1.3 亿吨，项目区单产增产量比全国平均水平高 1.3 倍。

不断提高粮食储运科技能力，日益增加先进的仓储设施数量，广泛应用了安全绿色储粮、"智慧粮食"、加工转化、质量安全、营养健康和现代物流等领域的科研成果，并且取得了显著成效。

六 大力保护和充分调动农民的种粮积极性

为推动农村经济社会的全面发展，以家庭承包经营为基础、统分结合的双层经营体制充分调动了亿万农民生产粮食的积极性。到目前为止，中国家庭农场近 60 万家，农民合作社为 217.3 万家，社会化服务组织有 37 万个，有效解决了"谁来种地""怎样种地"等问题，大幅提高了农业生产效率。中国政府相继取消了牧业税、生猪屠宰税和农林特产税，特别是在 2006 年全面取消了在中国历史上存在 2000 多年的农业税，从根本上为农民减了负。通过不断完善粮食价格形成机制、农业支持保护政策、耕地地力保护补贴和农机具购置补贴等行之有效的措施，确保了农民的基本种粮收益，切实保护和充分调动了农民的种粮积极性，从而保障了农业的可持续发展。①

七 不断健全农业服务体系

加强粮食生产基础设施建设，主要包括保护农作物种质资源、改良品种、繁育良种、质量检测等。加强改革和建设农业技术推广体系，进行资源整合，建立高效、务实、精干的基层涉农服务机构，强化农业技术推广服务功能。努力实现粮食产业化，提高粮食生产组织化程度。不断完善病虫害防治设施，建立健全重要粮食品种有害生物预警与监控体系，提高植物保护水平。健全农业气象灾害预警监测服务体系，提高农业气象灾害预测和监测水

---

① 《中国的粮食安全》白皮书，http://www.scio.gov.cn/ztk/dtzt/39912/41906/index.htm。

平。完善粮食质量安全标准，健全粮食质量安全体系。提高农村粮食产后服务水平，健全农业信息服务体系。

八　加强非粮食物发展重点工程建设

充分利用非粮食物资源，着力发展节粮型畜牧业、水产养殖业、远洋渔业以及木本粮油产业。加强非粮食物发展重点工程建设，主要包括四个方面。长江流域"双低"油菜生产基地：在长江流域油菜主产区以地市为单位，依托育种科研院所，集中连片建立"双低"油菜生产基地，改良品种，提高产量；糖料基地建设：重点支持广西、云南、广东、海南等甘蔗生产优势生产区建设甘蔗生产基地，改善田间灌溉条件，加快甘蔗新品种繁育和推广；生猪和奶牛标准化规模养殖小区（场）建设：改造生猪和奶牛标准化规模养殖小区（场）粪污处理以及水、电、路、防疫等配套设施，提高生猪和奶牛标准化规模饲养水平；畜禽水产良种工程：建设畜禽水产原、良种场，改善种质资源保护及品种测定设施，提高畜禽水产良种繁育水平。

九　加强粮食流通体制改革

按照建立社会主义市场经济体制的要求，20 世纪 90 年代末以来，中国政府加大了粮食流通体制改革的力度，推动粮食流通体制改革以市场化为目标。逐步建立起以市场供求为基础的粮食价格形成机制，全面放开粮食收购市场和收购价格，充分发挥市场机制配置粮食资源的基础性作用。初步形成了统一开放、竞争有序的粮食市场体系，现货交易日趋活跃，期货交易平稳有序。积极推进现代粮食流通产业发展，努力提高粮食市场主体的竞争能力。继续深化国有粮食企业改革，推进国有粮食企业兼并重组，重点扶持一批国有粮食收购、仓储、加工骨干企业，提高市场营销能力。全面推向市场的国有粮食企业在粮食收购中继续发挥主渠道作用。粮食市场主体趋向多元化、规模化、组织化程度有所提高，市场竞争能力增强。

鼓励和引导粮食购销、加工等龙头企业发展粮食订单生产，推进粮食产业化发展。发展农民专业合作组织和农村经纪人，为农民提供粮食产销服务。引导各类中介组织开展对农民的市场营销、信息服务和技术培训，增强农民的市场意识。充分发挥粮食协会等中介组织在行业自律和维护市场秩序方面的作用。[①]

不断加强粮食物流体系建设。编制实施粮食现代物流发展规划，推进粮食物流"四散化"变革。加快改造跨地区粮食物流通道，重点改造和建设东北地区粮食流出、黄淮海地区小麦流出、长江中下游地区稻谷流出及玉米流入、华东地区和华南沿海地区粮食流入、京津地区粮食流入六大跨地区粮食物流通道。在交通枢纽和粮食主要集散地，建成一批全国性重要粮食物流节点和粮食物流基地。重点加强散粮运输中转、接收、发放设施及检验检测等相关配套设施的建设。积极培育大型跨区域粮食物流企业。大力发展铁海联运，完善粮食集疏运网络。提高粮食物流技术装备水平和信息化程度。

逐步健全和创新粮食市场体系。不断改革国有粮食企业，鼓励其跨区域整合，构建起骨干粮食企业集团，培育大型跨国粮食集团，营造公平竞争的市场环境，逐步形成粮食收购主体多元化格局。重点建设和发展大宗粮食品种的区域性、专业性批发市场和大中城市成品粮油批发市场。发展粮食统一配送和电子商务。积极发展城镇粮油供应网络和农村粮食集贸市场。不断健全粮食交易体系，形成以国家粮食电子交易平台为中心、省（区、市）粮食交易平台为支撑的国家粮食交易体系。稳步发展粮食期货交易，引导粮食企业和农民专业合作组织利用期货市场规避风险。建立全国粮食物流公共信息平台，促进粮食网上交易。目前，全国粮食商流、物流市场超过 500 家。粮食期货交易品种涵盖玉米、小麦、稻谷和大豆等主要粮食品种，交易规模呈现不断扩大的整体态势。

粮食托市政策的逐步取消对粮油加工行业来说是一大利好。粮食托市政策保障了农民利益，提高了农民种粮积极性，但随着托市政策的施行，供给过剩日益严重，国内外粮食价格形成了巨大剪刀差。因此，2016 年玉米率先取消临储政策，小麦和稻谷的托市政策也将逐步调整甚至取消。粮食托市政策托高粮食价格，粮油加工企业在原料上游用高价买粮，下游参与市场竞

---

① 《国家粮食安全中长期规划纲要 （2008—2020 年）》，http：//www.gov.cn/jrzg/2008 - 11/13/content_ 1148414. htm。

争，夹缝中生存使利润更薄。因此，托市政策逐步退出有利于粮油加工企业参与市场竞争。以大米市场价格为例，大米加工企业的利润空间非常小，其原因在于大米加工企业处于政策化的上游和市场化的下游形成的中游空隙之中，国家托市的政策性收购拉高了稻谷的市场价格，导致加工企业成本增加，出现了稻强米弱的局面，大米加工企业获利微薄。

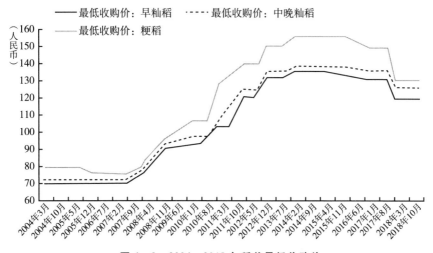

图 4 - 2　2004～2018 年稻谷最低收购价

资料来源：公开资料整理。转引自《2018 年中国粮食行业发展现状及 2019 年大米发展前景预测分析》，中国产业信息网，http：//www.chyxx.com/industry/201908/774767.html，2019 年 8 月 23 日。

不断优化粮食市场服务质量，确保多种粮食零售渠道销售的粮食品质，积极发展粮食电子商务、新型零售业态、搭建粮食产销合作平台，加强粮食产销区与政府部门的战略合作力度。2018 年，举办了 3935 场各类粮食交易会，成交粮食约 13627 万吨，成交金额达 2319 亿人民币。2018 年和 2019年，连续举办了"中国粮食交易大会"，意向购销粮食超过 6000 万吨，使中国粮食产销合作水平达到一个新的层次。

十　不断完善粮食安全政策支持体系

中国已经公布实施了《中华人民共和国土地管理法》、《中华人民共和国农村土地承包法》和《中华人民共和国基本农田保护条例》，建立起了最严格的耕地保护制度。取消了农业 4 种赋税（农业税、除烟叶外农业特产税、牧业税和屠宰税），实行了粮食直补、良种补贴、农机具购置补贴和农资综合直补等政策，建立了发展粮食生产专项补贴机制和对农民收入补贴机制。对小麦和稻谷实施最低收购价政策，完善了对种粮农民的保护机制，市场粮价基本稳定。调整国民收入分配结构，加大对农业投入的倾斜力度，建立了较为稳定的农业和粮食生产投入增长机制。调整中央财政对粮食风险基金的补助比例，实施对产粮大县奖励的政策，加大对粮食主产区的转移支付力度。①

十一　逐步完善国家粮食宏观调控体系

完善中央与地方的粮食储备体制，实行粮食经营企业的最低库存制度，提高了国家对粮食市场的调控能力。加强对粮食进出口品种的调整，促进了粮食市场供需总量的平衡。初步建立起国家粮食应急保障机制。依法管粮取得重大成效，实行了粮食流通管理条例和中央储备粮管理条例。完善了粮食省长负责制，进一步强化了省级人民政府在粮食生产与流通方面的责任。粮食产销区之间的合作关系不断和谐。改善了粮食仓储与物流设施条件，稳步实现了粮食物流的"四散化"（散装、散卸、散存、散运）。②

十二　确保生态农业法律制度保障

据统计，日前中国拥有农业生态试点 2000 多个，面积达 666.67 多万平方公里。中国生态农业法律制度主要包括《宪法》《土地管理法》《环境保护法》《农业法》《森林法》《草原法》《土地管理法》等。今后还需要制定涉及生态农业生产、加工、销售等环节的相关细则，并继续加强现有农业法的相关制度保障，以确保中国生态农业法律制度得以保障。

---

① 《国家粮食安全中长期规划纲要（2008—2020 年）》，http：//www.gov.cn/jrzg/2008 - 11/13/content_ 1148414. htm。
② 《国家粮食安全中长期规划纲要（2008—2020 年）》，http：//www.gov.cn/jrzg/2008 - 11/13/content_ 1148414. htm。

十三　加强粮油国际贸易合作

积极利用国际粮食市场来调节国内粮食的供应与需求。不断健全中国粮食进出口贸易体系。在保障国内市场粮食基本自给的情况下，通过国际市场来调剂粮食进出口。继续发挥国有粮食专业贸易企业在粮食进出口方面的主导作用。积极加强政府间长期、稳定的粮食贸易合作关系。实施农业"走出去"战略，鼓励国内企业与国外客户建立稳定可靠的进口粮源保障体系，以增强保障国家粮食安全的能力。

第二节　俄罗斯保障粮食安全的主要任务

俄罗斯国家粮食安全的战略目标是保障居民能够获得安全的农产品、鱼和其他水生物资源和粮食。食品稳定的国内生产和必要的储备是实现国家粮食安全的保障。确保国家粮食安全不受内外部条件制约的主要任务：对国家粮食安全的内外部威胁进行及时预警、弄清和消除，依靠保障居民食品及其战略储备机制将其不良后果降至最低；国产粮食及原料的稳步发展，能够保障国家粮食供需独立；确保每个公民都能获得安全的、积极健康生活所需的食品，其数量和品种符合食品消费合理标准。①

为保障粮食安全，俄罗斯政府采取了完善支持农业发展法律法规体系、不断健全确保粮食安全的机制、确定国家粮食安全的指数体系等各种较为有效的宏观措施，同时针对实际情况采取了具体应对措施。

一　不断完善保障粮食安全的机制和政策法规

建立确保粮食安全的预算机制，提供充足的财政资金保障，以有效预防内外部威胁对国家粮食安全的影响；不断提高居民的食品购买力，建立保障低收入居民弱势群体获得必需食品提供援助机制。

---

① Доктрины продовольственной безопасности Российской Федерации. Указ Президента Российской Федерации от 30января 2010г. N 120 "Об утверждении Доктрины продовольственной безопасности Российской Федерации". https：//rg. ru/2010/02/03/prod – dok. html.

2006 年 12 月 29 日，俄罗斯总统普京签署的《俄联邦农业发展法》正式生效，先后经过 2008 年、2009 年、2011 年、2012 年和 2013 年总计 10 次的修改和补充。该法主要协调其所确认的作为农业商品生产者的公民和法人与其他公民、法人、农业发展方面的国家权力机关之间的关系。该法确定了俄罗斯农业和农村发展规划，协调公民与农业商品生产者法人、农业发展领域其他公民、法人与国家权力机构之间的关系，为俄罗斯农业的未来发展和建立全俄统一农产品市场创造了制度、经济和社会条件，提出了发展农业生产的具体措施。①

2007 年 7 月，俄联邦政府颁布了《2008—2012 年农业发展、农产品市场调节、农村发展规划》。该规划提出了俄罗斯农业发展目标：农村可持续发展；增强农业生产的竞争能力，尤其是加快重点领域进口替代的发展；保护和恢复自然资源。2007～2012 年，俄罗斯农业生产年均增长率为 4%，牲畜生产年均增长率为 5%。②

2009 年以来，俄罗斯对进口肉类实施税率配额制度，废除税率配额制度中的国家分配，提高超配额税率。依据《俄联邦国家粮食安全学说》（2010 年）的基本方向和机制，夯实农工综合体和渔业综合体功能的法律法规基础。对粮食安全状况进行监测和预警。针对国际粮食市场和气候变化，并结合国家经济发展态势，对粮食安全状况做出预警，评估食品供应的对外依赖程度。建立确保粮食安全的国家信息资源库，及时跟踪国内外粮食市场的最新动态，对粮食安全形势做出较为科学、准确的预判。

二 建立粮食安全的安全体系和指数体系

俄罗斯构建起了粮食安全体系，涵盖粮食的可用性、获得性、农业和加工业、原料和食品市场及对其质量的监督、质量管理体系、价格水平、改善居民健康状况、国家经济发展、劳动生产率、提高就业率、增加居民福利等要素，各要素间相互关联、相互影响，形成了完整的粮食安全体系（见图 4-3）。

---

① Федеральный закон о развитии сельского хозяйства. http://docs.cntd.ru/document/90202178.
② 徐勇：《中国农村研究》，中国社会科学出版社，2009，第 18 页。

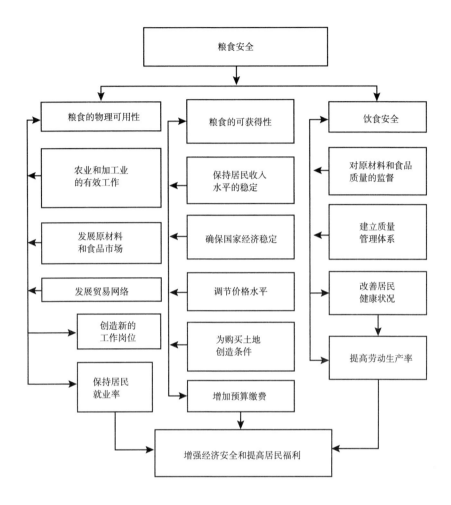

图 4 – 3 俄罗斯粮食安全体系

资料来源：Сущность и содержание процесса обеспечения продовольственной безопасности России. http://www.moluch.ru/archive/37/4288/。

建立确保粮食安全的指标体系，为食品企业制定适应监督体系和符合国际组织要求的统一标准，将食品业纳入综合安全监督体系之中。《俄联邦国家粮食安全学说》确定了俄罗斯国家粮食安全的指标体系。[①] 第一，

① Доктрины продовольственной безопасности Российской Федерации. Указ Президента Российской Федерации от 30января 2010г. N 120 "Об утверждении Доктрины продовольственной безопасности Российской Федерации". https://rg.ru/2010/02/03/prod – dok. html.

消费领域的指标体系包括按照家庭成员分配家庭经济资源，人均食品消费，对居民有针对性帮助的额度，每人一昼夜食品热量（卡路里），一昼夜人体所需的蛋白质、脂肪、碳水化合物、维生素和微量元素的数量，食品消费价格指标；第二，生产和国家竞争力领域的指标体系包括农产品、水产品、原材料和食品产量及其进口量，按照产品销售每卢布给予农产品、水产品、原材料和食品生产者的预算扶持，农业土地资源利用效率，贸易和公共饮食组织的食品销售额；第三，管理组织方面的指标体系包括依据俄联邦相关法规确定的国家粮食储备量，农产品、水产品、原材料和食品的仓储量。

同时，为评估国家粮食安全状况，《俄联邦国家粮食安全学说》确定了国产农产品、水产品、原材料和食品在国内相应产品中所占的比例指标（阈值）：谷物不低于95%，糖不低于80%，植物油不低于80%，肉及肉制品不低于90%，奶及奶制品不低于90%，水产品不低于80%，土豆不低于85%，食盐不低于85%。

三　明确国家保障粮食安全经济政策的基本方向

根据国家粮食安全面临的风险和威胁，俄罗斯国家确保粮食安全的经济政策（包括国家农业政策和海洋政策）应按照以下方向来实施。[①]

为提高各个层次居民获得食品的能力，应特别关注减少贫困的措施，确保对最需要帮助的居民群体给予优先扶持。最需要帮助的居民群体是指那些没有足够资金获得健康饮食的怀孕和哺乳妇女、婴幼儿、学龄前儿童和中小学生。为了提高居民获得食品的空间便捷性，着力发展粮食市场和粮食保障领域的跨区域一体化，有效利用对食品生产不足地区和处于极端情况下地区的扶持机制，提高偏远地区居民食品合理供应时间的运输便捷性，为增加贸易基础设施和各种类型的公共餐饮服务点创造条件。为建立国家物资储备，

---

① Доктрины продовольственной безопасности Российской Федерации. Указ Президента Российской Федерации от 30января 2010г. N 120 "Об утверждении Доктрины продовольственной безопасности Российской Федерации". https：//rg.ru/2010/02/03/prod – dok.html.

明确相应物资的价值和存储标准。为确保食品安全，必须监督俄罗斯联邦该领域的法律是否符合农产品、水产品和食品（包括其进口、生产、存储、运输、加工和销售）的要求。严禁利用转基因微生物和类似转基因微生物的转基因植物生产的食品的无监管传播。参照国际要求，继续调整基于科学饮食研究的食品安全指数。不断完善食品安全监督组织体系，包括建立现代技术和方法基地。

在农产品、水产品、原材料和食品生产领域，应着力强化以下几个方面。提高土壤肥力和收成，依靠未使用的耕地扩大农作物的播种面积，对土壤改良系统改造，加快发展畜牧业；扩大和更多地利用水生物资源的潜力，以及工业生产新工艺；创造食品原材料深加工和综合加工新工艺、农业和水产品储存新方法和运输新方式；发挥农工综合体和渔业综合体的科技潜力，支持相关科学领域新的发展，并实施防止专门科技人才流失的措施；加快农工综合体和渔业综合体结构和技术现代化步伐，恢复自然生态；按照粮食安全要求，健全人才培训和提高技能系统，以实现农工综合体和渔业综合体创新发展模式；完善农产品和水产品、原材料和食品市场调节机制，以提高农产品和水产品及物质技术市场交易率，并消除市场价格的不平衡现象；提高国家支持的效率，特别重视为金融稳定和增强商品生产者支付能力创造条件。

在农村地区可持续发展领域，必须发展以下方面：农村和沿海捕鱼区的社会建设；增加农村和沿海捕鱼区实施社会规划的财力保障；监测农村失业率和实际收入水平，促进农村就业的多样化。

在对外经济政策领域，必须确保以下几个方面：迅速实施关税调节措施，使农产品和水产品、原材料和食品的出口和进口比例更趋合理化；在农产品和水产品、原材料和食品进口不断增加以及在外国上述商品出口时的倾销和补贴时，积极采取保护性措施；按照国际规则和标准，使卫生、兽医和植物检疫控制系统有效运行；逐步减少本国农工业综合体和渔业综合体对进口技术、机器、设备和其他资源的依赖；制定对外经济政策，遵守粮食安全指标。

四 成立"联邦粮食公司"以掌控国内粮食市场

2009 年 3 月，俄罗斯决定以联邦食品市场管理局为基础，联合国内 19 个地区 31 个粮食企业成立联邦粮食公司。该公司旨在提高俄罗斯国内市场的购销能力，扩大粮食出口，改造和修建粮食仓库和港口设施。该公司的粮食存储能力最高达 300 万吨，将控制俄罗斯国内粮食市场 50% 以上的份额。

五 实施农业发展战略规划和农工综合体发展战略

俄罗斯农业用地约 2.2 亿公顷，农作物种植面积维持在 7800 万公顷左右，其中粮食类和豆类作物种植面积约为 4620 万公顷。如果不出现极端自然或人为灾害，俄罗斯粮食能够确保可持续供应。苏联解体后，俄罗斯粮食产量大多数年份能够满足居民的粮食需要，有些年份还有余粮可以出口，甚至对国际粮食市场价格产生举足轻重的影响。从 2004~2012 年俄罗斯粮食产量来看，粮食平均年产量为 8354 万吨，除受灾的 2006 年粮食产量降至 6200 多万吨外，其他年份均在 7000 万吨以上，2008 年甚至达到 1.08 亿吨。

2005~2007 年，俄联邦国家财政对农业的支出增长 87%，达到 57 亿美元。俄罗斯政府明确表示，国家农业政策的主要目的是扩大畜牧业生产，以减少不断增加的肉类进口。在 2009 年以后继续对进口肉类实施税率配额制度，废除税率配额制度中的国家分配，提高超配额税率。2000~2008 年，俄罗斯禽肉产量增长 322%，猪肉产量增长 37%，但牛肉产量却下降 29%。俄罗斯大型猪肉生产企业 Agrofirma Mortadel 的副总裁叶甫盖尼·吉霍夫强调了国际技术在俄罗斯畜牧业进一步发展过程中的重要作用。他说："现代技术，包括优质的种猪、高效的饲料，对于俄罗斯养猪生产者来说是必需的，如果他们想盈利并获得竞争力的话。"俄联邦国家正在为畜牧部门提供补贴，支持畜牧业的发展。该企业计划未来几年把畜群规模从 4.6 万头扩大到 26 万头。为了实现这样的增长，不久的将来还要新建 20 座养猪场。

　　俄罗斯对农业政策进行了调整，2007 年 1 月 11 日，《俄联邦农业发展法》颁布并生效。新农业法将政府零散的农业措施整合成一个完整的系统，并且首次将农业政策纳入政府的社会经济政策之中。这对其农业的未来发展具有很大的推动作用，主要表现在：第一，农业被正式列为俄罗斯未来经济发展的重点领域之一；第二，农业政策立法逐步形成体系；第三，俄罗斯政府对农业生产的财政支持力度将不断加大；第四，在俄罗斯，国家重新在农业发展中占据主导地位。为推动农业发展，俄罗斯出台了一系列战略规划，主要包括农业发展规划项目，农村地区发展战略与专项规划，农用土地的法律、战略与规划，以及农业科技发展规划等。其主要着力点：加大农村基础设施建设投入，促进农村地区稳定发展，创造适宜农业发展的基础环境；加强对农业用地的监控，建立可信的农业用地信息系统，防止土地流失；鼓励农业投资，加强对优先领域的扶持力度；提高农业科技水平，加大农业急需人才培养力度，激发农业创新活力。当前，通过战略规划支持，俄罗斯农业发展无论是在资金投入还是在制度建设上都取得了一定成效。[①]

　　2016 年，俄罗斯政府用于扶持农业的资金达到 2240 亿卢布，俄罗斯粮食产量达到 1.17 亿吨，达到 38 年来的最高水平。据俄罗斯出口中心的数据，该年俄罗斯小麦出口量超过 2500 万吨，首次登上世界首位。2016 年，俄罗斯鱼类和其他水生生物资源捕获量为 480 万吨，增长 5.5%，达到 15 年来的最高水平。俄罗斯远东以渔业著称的堪察加、萨哈林等地区都希望向中国等亚洲国家出口冷冻鱼肉、海胆等产品。2017 年，俄罗斯粮食获得大丰收，总产量达到 1.355 亿吨，其中小麦产量为 8600 万吨，出口粮食 3500 万吨。2018 年，俄罗斯粮食总产量为 1.128 亿吨，比上年略有减少。但在过去 5 年，俄罗斯粮食每年平均产量为 9800 万吨，2018 年，其粮食产量超过了年均指标。近 5 年来，俄罗斯农产品出口量增长了 30%。2018 年，俄罗斯的农产品和食品出口额达 258 亿美元，2019 年为 250 亿美元。目前，俄罗斯是世界小麦出口量第一的国家，其他农产品出

---

① 高际香：《俄罗斯农业发展战略调整与未来政策方向》，《东北亚学刊》2020 年第 1 期。

口也处于领先地位。俄罗斯农业部部长德米特里·帕特鲁舍夫指出，俄罗斯粮食产量不断增加，预计到 2036 年，俄罗斯粮食年产量将增加到 1.5 亿吨。

为适应世界农业发展趋势，提升农业技术水平，2017 年俄罗斯推出《2017—2025 年俄联邦农业科技发展规划》（№996），旨在降低农业技术对外依赖度，提高农工综合体竞争力。《规划》确定的农业科技主要方向：提高种植业和畜牧业的育种能力，减少进口；利用先进技术增加优质饲料及饲料添加剂生产；发展植物病虫害防治和动物疫病防治技术；生产和引进生物农药和农用化学品生产技术；发展现代农产品加工和储存技术等。①

俄罗斯农业在行业管理、激励措施、新技术引进、市场联系等方面还存在薄弱环节，因而俄罗斯农业的发展潜力远未得到充分的挖掘。在人均粮食安全形势良好的情况下，将原粮转化为食品应该相对容易得多，只要俄罗斯能够提高食品加工能力，增加市场食品供应，俄罗斯食品可持续安全得以保障的可能性就会大大提高。

2020 年 3 月，俄罗斯政府批准了《2030 年前农工综合体发展战略》。该战略拟实现以下目标。第一个目标是在俄罗斯农村地区综合发展计划下增加农村设施完备住宅区的总面积，其资金来源为农业优惠抵押贷款。2020 年初以来，俄罗斯银行已收到 3 万多笔农村优惠抵押贷款申请，总额超过 620 亿卢布。第二个目标是提高农村和城市家庭月均可支配资源的比例。主要措施为提高农村居民的就业率，继续培养农业领域的高素质、高收入专家，并扩大其队伍规模。第三个目标是增加农工综合体的产品附加值。主要依靠设备和技术现代化、土壤改良技术的发展，以及农业生产效率。应用资源节约型技术和高效能设备、有效扩大农业用地流转规模、提高土壤肥力。俄罗斯农业部的数据显示，目前，俄罗斯未开发使用的农业用地面积达 4400 万公顷，其中耕地面积 2000 万公顷。到 2030 年，新增流转农业用地

---

① 高际香：《俄罗斯农业发展战略调整与未来政策方向》，《东北亚学刊》2020 年第 1 期。

不少于1000万公顷。2020年初，农业部推出了2021~2023年扩大农业用地流转规模的规划，并计划建立一个价值1.4万亿卢布的土壤改良综合体。此外，为实现这一目标，该战略还提出了扩大农业原料存储和加工能力，以增加高附加值产品的比例，在种植业和养殖业中采用高产品种。该计划将俄罗斯农工综合体的产品附加值提高至7万亿卢布。第四个目标是通过发展育种学和遗传学来提高农工综合体的科技水平。目前，俄罗斯育种学和遗传学的创新水平很低，须提高畜牧养殖业的遗传潜力，发展选种和育种学，开发和推广应用于饲料和饲料添加剂生产的技术。俄罗斯国产种子的比例应达到总量的75%。第五个目标是俄罗斯农工综合体的数字化转型。其主要计划是建立数字农业平台。该战略规定，到2024年，俄罗斯国家为农业提供的各项支持中将有75%以数字化方式运行。此外，到2030年，须将俄罗斯全部农业用地的相关信息录入统一系统，并完成对10万个指标的收集和分析。第六个目标是增加对俄罗斯农工综合体和渔业综合体的投资。为此，农业部将继续筹措资金，保障提供优惠贷款、长期租赁、税收优惠，并实施其他非金融性措施。第七个目标是提高农业原料和粮食的出口额至450亿美元。不断提高农产品的产量，特别是高附加值农产品的产量，努力开拓新市场，消除贸易壁垒，发展物流链。第八个目标是保障俄罗斯国家粮食安全。保障俄罗斯国内市场的稳定和长期的自给自足仍然是绝对优先事项。

六　进一步完善农用土地制度

为防止农业用地流失，俄罗斯制定了《2020年前农用土地和用于农业发展的非农用地的国家监控和建立相关土地的国家信息资源构想》（2010年№1292-p）和《2014—2020年俄联邦农用地复垦开发规划》（2013年№922），目标是使1000万公顷土地回归农业生产用途。与此同时，俄罗斯还在酝酿通过三项法案。一是简化对农业用地闲置认定程序。一旦确定农业用地所有者3年内不使用土地，俄罗斯农业监督局就可以做事实认定，不必再经过法律程序。二是上调农用土地税率，从国家土地评估登记价格的0.3%提高到10%，迫使闲置土地所有者出售或出租土地。三是简化程序，使无人认领"土地份额"尽快转归地方自治机构所有。①

七 保障食品安全措施

保障食品安全问题，应标本兼治，同时需要坚持可持续发展战略，采取一系列配套综合措施，从源头上解决食品安全问题。

（一）参照世卫《食品法典》，健全有关食品安全的法律法规体系

20 世纪 60 年代，世界卫生组织大会通过的《食品法典》已成为全球消费者、食品生产和加工者、各国食品管理机构和国际食品贸易唯一的和最重要的基本参照标准。该法典对食品生产、加工者的观念以及消费者的意识已产生了巨大影响，提醒各国政府应充分考虑所有消费者对食品安全的需要，并尽可能地支持和采纳食品法典的标准，对保护公众健康和维护公平食品贸易做出了不可估量的贡献。

参照《食品法典》，俄罗斯政府不断健全食品安全法律法规，陆续出台了一系列相关法律法规，逐步建立起一个较为健全的保障食品安全的法律法规体系。例如，1992 年 2 月 7 日颁布并实施了《俄罗斯联邦消费者权益保护法》（1999 年 12 月、2004 年 12 月修改），1993 年 7 月出台了《俄罗斯联邦商品和服务认证法》（1998 年 7 月修改），1995 年出台了《俄罗斯联邦酒精及酒类产品的生产与流通调控法》（1999 年经修改、补充并更名为《俄罗斯联邦酒精、酒类产品及含酒精产品的生产与流通调控法》），1997 年颁布了《食品标签管理条例》（2003 年 12 月重新制定，2005 年 7 月正式实施），1999 年 3 月颁布了《俄罗斯联邦居民卫生防疫安全法》，2000 年 1 月 2 日正式颁布了《俄罗斯联邦食品质量与安全法》（2008 年 6 月 12 日、10 月 27 日和 12 月 22 日修订），2002 年出台了《俄罗斯联邦食品安全和食用价值的卫生要求》，2003 年 7 月颁布了《俄罗斯联邦技术调节法》（取代 1993 年 6 月颁布的《俄罗斯联邦标准化法》）等。据悉，俄罗斯正在着手研究制定有关消费需求法、饮用水法和粮食安全法等法律法规。目前，俄罗斯大部分涉

---

① 高际香：《俄罗斯农业发展战略调整与未来政策方向》，《东北亚学刊》2020 年第 1 期。

及食品安全的国家和行业标准已与欧盟标准接轨。俄罗斯已建立食品试验认证保证体系，对食品实行强制性认证准入制度，国产和进口食品都必须通过认证并领取国家颁布的产品合格证书。[①]

其中，《俄罗斯联邦食品质量与安全联邦法》主要用于调整保障食品品质与食品对人体健康安全方面的关系，确定保证食品质量与安全的国家标准，它是俄罗斯食品安全领域法律体系的基础，明确了生产者在食品研发、生产、储存、运输和销售等方面应遵循的原则，规定了外国食品进入俄罗斯市场的条件，规定了俄罗斯联邦及各联邦主体在保障食品质量和安全方面的责任和权利。禁止劣质的和对人体健康有害的食品进入市场流通，劣质食品鉴定、储存、运输、处理或销毁的费用由经营者承担。[②] 该法使用于对进口食品和转基因食品的管理。

（二）实行食品认证制度

在俄罗斯联邦，现行的工业标准沿用了苏联时期的标准系统，被称为国家标准（ГОСТ – государственный стандарт）。ГОСТ 标准几乎涵盖了所有领域，并在其不同应用领域内绝对强制性执行。根据商品可能对消费者造成的危害，在认证中有黄色认证和蓝色认证之分。黄色认证为强制性认证，蓝色认证为自愿性认证。这里的强制性和自愿性并不是我们通常认为的必须认证或选择性认证，只是认证程序不同而已。俄罗斯法律规定，商品如果属于强制性认证范围，不论是在俄罗斯生产的还是进口的，都应依据现行的安全规定通过认证，并领取俄罗斯国家标准 ГОСТ 合格认证。没有 ГОСТ 认证的产品不能在俄罗斯上市销售，并且 ГОСТ 认证也是办理俄罗斯进口商品海关手续必不可少的文件，由此可见其重要性。对于俄罗斯进口的食品，几乎所有的产品都需要进行认证。以下 11 种食品必须进行强制性认证：（1）粮食及其衍生产品；（2）面包和面条；（3）食用油及其衍生产品；（4）肉类和禽类；（5）蛋类及其衍生产品；（6）鱼类及其衍生产品；（7）乳与乳制品；

---

① 王淑珍、于天祥、奚奇辉：《俄罗斯食品安全法规体系研究》，《检验检疫学刊》2011 年第 2 期。

② Федеральный закон о качестве и безопасности пищевых продуктов（2 января 2000 года N 29 – ФЗ）. http：//www. ursn. spb. ru/norm_ docs/fed_ reg_ laws/fz29.

（8）水果、蔬菜及其衍生产品；（9）浓缩食品和淀粉；（10）饮料、葡萄酒、白兰地酒、白酒、伏特加及饮用性酒类；（11）糖果类及糖类制品、蜂蜜类制品。①

在俄罗斯，食品工业中约有 70% 的产品是按照"技术条件"（TY – техническое условие）生产的，只有 30% 的产品是按照国家标准生产的。"技术条件"是生产企业自己制定的标准，符合食品安全要求。

（三）划分食品质量等级

世界各国均依据食品质量指标划分食品的等级和品种。食品质量指标通常包括安全性状（包含物理因素、化学因素和生物因素 3 个因素）、营养性状（包含一般质量形状、一般卫生指标和营养指标 3 个指标）和外观性状（包含包装指标和感官指标 2 个指标）（见图 4 – 4）。食品质量安全指标包括标准规定的理化指标、感官指标、卫生指标和标签标识。

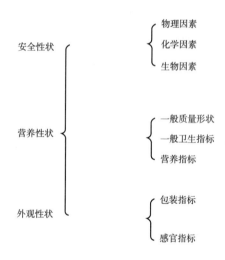

图 4 – 4　食品质量指标

俄罗斯遵循类似原则来划分食品的等级。

（1）禽类。处理干净的整只家禽及其半成品被划分为一等和二等。禽

---

① L. Ostroumov、A. Prosekov、郑佳、李诚：《俄罗斯和中国食品质量标准比较分析——以奶酪标准为例》，《中国乳业》2010 年第 2 期。

肉可以根据规定程序加商标标识，以便消费者识别和选择。如果家禽是生态养殖，可以在外包装上标注。

（2）鸡蛋。鸡蛋通常分为两个等级：营养鸡蛋和一般鸡蛋。营养鸡蛋新鲜度最高，7 天上市销售，符合一切标准。鸡蛋的气室在包装时应小于 4 毫米。一般鸡蛋应保存在 8℃ 以下，其保质期可以达到 30 天。此类鸡蛋的气室为 9 毫米，通常鸡蛋外壳不干净。

（3）蔬菜和水果。蔬菜和水果等级的划分需要考虑到蔬菜和水果的品象、色泽、新鲜程度、重量、大小和成熟度等多种因素。同一包装内的蔬菜和水果应属于同一个等级。一般把蔬菜和水果划分为 3 个等级：特级品——高品质，无瑕疵；一等品——优质，存在少许缺陷；二等品——中等品质，存在缺陷，达不到最高品质要求，不过符合蔬菜和水果的一般要求。以马铃薯为例，马铃薯分为一等和二等。块茎品质好、质地硬、表面无瑕疵、未受冻的为一等马铃薯。不符合一等马铃薯标准，有少许瑕疵的为二等马铃薯。外包装上应标明马铃薯的等级。

（四）积极寻求新的食品供应渠道

2014 年 7 月，俄罗斯与西方国家开始相互制裁，禁止从参与制裁俄罗斯的国家进口食品。8 月 7 日，俄罗斯政府对来自欧盟、美国、澳大利亚、加拿大和挪威的牛肉、猪肉、禽肉、鱼类、奶酪、牛奶、水果和蔬菜产品实行为期一年的全面禁运。俄罗斯确定了新的食品供应国家（包括潜在的）名单，即阿塞拜疆、乌兹别克斯坦、塔吉克斯坦、亚美尼亚、中国、土耳其、伊朗、塞尔维亚、埃及、摩洛哥等。俄罗斯逐步增加从上述国家的食品进口量，以弥补国内食品市场的不足。

不断增强食品的进口替代能力。2015 年俄罗斯食品进口额从 2014 年的 410 亿美元下降至 250 亿美元，几乎减少一半。面对西方的制裁，俄罗斯实施进口替代任务变得更为迫切，外部压力成为激发俄罗斯发挥内部资源的重要因素。

俄罗斯政府采取应对措施以保障农工综合体的增长，2014 年农工综合体产量增长 3.7%，食品产量增长 3.3%。2015 年上半年，俄罗斯农业是唯一保持增长的行业，增长了 2.9%。

奶酪是俄罗斯的进口依赖度高的商品，在 2014 年 7 月～2015 年 7 月的制裁期内，俄罗斯的奶酪进口减少到 4.1 万吨，减少了 8.4 倍，而同期俄罗斯国产奶酪产量增长了 22.6%。做罐头用的鲱鱼、沙丁鱼、凤尾鱼的捕捞量增长，鲭鱼捕捞量增长 4 倍以上，达 4.88 万吨，毛鳞鱼捕捞量增长到 4.58 万吨。2015 年，对虾捕捞量达到 9000 吨。[1]

（五）明确食品生产指标和优先任务

2012 年 4 月 17 日，俄罗斯政府批准了《2020 年前俄罗斯联邦食品和加工工业发展战略》，该战略规定：如果今后俄罗斯食品生产年均增长 3.5%～5%，那么到 2020 年食品生产将增长 0.4 倍，肉及其制品、奶产品、白糖和果蔬的产量将大幅提高，85% 的食品生产能力将得以发挥。按照正常的食品消费指数，农产品和大多数品种的食品产量能够满足居民的食用。该战略明确了俄罗斯的长期优先任务：第一，着力发展食品加工业，逐步实现肉、奶、糖和鱼等食品的进口替代；第二，将资源节约工艺运用到食品加工业中，以减少生产过程中废弃物对生态环境产生的不良影响；第三，利用生物和纳米技术生产的新型原材料来加工食品；第四，增加绿色有机食品产量；第五，确保粮食生态安全；第六，适度增加食品进口量以补充和丰富国内食品市场。[2]

总体来看，俄罗斯粮食安全形势大多数年份处于安全状态，如果不出现极端不可抗力，针对存在的问题，俄罗斯政府采取行之有效的政策措施加以应对，国家能够保障粮食的可持续供应、粮食质量和品种，不断增强进口替代能力，逐步缩小进口食品比重，最终确保本国粮食安全。

（六）明确相关主管部门的职责

2004 年以前，俄罗斯的食品安全保障工作由国家卫生防疫部门、兽医部门、质检部门及消费者权益保护机构等多个单位共同负责，导致政出多

---

[1] Россия потеряла половину от ввоза продовольствия, но поверила в импортозамещение. http://tass.ru/ekonomika/2173548.

[2] Стратегия развития пищевой и перерабатывающей промышленности РФ на период до 2020г.（утв. распоряжением Правительства РФ от 17апреля 2012г. №559 - р.）. http://www.garant.ru/products/ipo/prime/doc/70067828/.

门、职责交叉，食品安全管理工作效率低下。为了改变这种局面，理顺食品安全管理机制，2004 年 3 月，时任俄罗斯总统普京发布命令，对相关行政管理机构进行调整，在俄罗斯卫生和社会发展部下设立"联邦消费者权益和公民平安保护监督局"。该局主要负责俄罗斯境内食品贸易、质量监督及消费者权益的保护工作，对于集中行政资源、监控食品质量和安全发挥了积极作用。该局的具体职责范围是，检查食品生产和销售场所的卫生防疫情况、在新食品上市前进行食品安全鉴定、对市场所售食品进行安全及营养方面的鉴定和科学研究、对进口食品进行登记备案，以及制止有损消费者权益的行为等。

（七）保障食品可持续安全

食品可持续安全包括食品数量供应的可持续和品质有保障的可持续两个方面。食品质量安全完全依赖于对食品生产加工流程的有力监管。随着粮食需求上升、粮价波动以及环境气候日益恶劣，如何保证食品的可持续供应关乎人类未来的生存和发展。保障食品的安全与可持续性不仅仅是个别国家的问题，它已成为全球食品业面临的共同挑战。可见，食品的可持续供应几乎完全取决于粮食的供应。

俄罗斯具有丰富的农业生产资源，农业用地约 2 亿公顷，其耕地面积约占世界耕地总面积的 8%。俄罗斯农作物种植面积维持在 7800 万公顷左右，其中粮食类和豆类作物种植面积约为 4620 万公顷。如果不出现极端自然或人为灾害，俄罗斯粮食能够确保可持续供应。苏联解体后，俄罗斯农业尽管经历了诸多波折，但其农业发展总体情况差强人意，粮食产量大多数年份能够满足居民的粮食需要，有些年份还有余粮可以出口，甚至对国际粮食市场价格产生了举足轻重的影响。以有关数据为例，2004 年俄罗斯粮食产量为 7810 万吨，同比增长约 16.2%，2005 年为 7820 万吨，同比增长约 0.1%，2006 年为 7860 万吨，同比增长约 0.5%，2007 年为 8180 万吨，同比增长约 4.1%。2008 年俄罗斯粮食获得大丰收，粮食总产量达到创纪录的 1.08 亿吨，比 2007 年增长约 32%。2009 年受到国际金融危机的影响，俄罗斯粮食总产量比上年下降约 10%，为 9700 万吨。受高温干旱天气影响，2010 年俄罗斯粮食收成锐减至 6260 万吨，与上年相比下降约 35%。为稳定国内粮食市场，俄罗斯政府从 2011 年 8 月 15 日起禁止粮食出口。2012 年 7 月 1 日，俄罗斯取消了粮食出口禁令。2011 年俄罗斯粮食产量为 9540 万吨，与 2010 年相比增长约 52%。2012 年为 7220 万吨，同比下降约 24%。

然而，俄罗斯情况却与众不同，其人均粮食占有量高于世界粮食安全标准（人均 400 公斤），说明俄罗斯的人均粮食安全状况较好。但是，俄罗斯的食品加工能力较低，本国生产的食品仅能满足国内需求的约 50%，进口食品占其总需求的 30% ~ 50%。不过，在人均粮食安全良好的情况下，俄罗斯提高食品加工能力，将原粮转化为食品要相对容易得多，可以使其食品可持续安全有保障。

在世界食品安全问题频发，导致全球食品安全形势更加严峻的大背景下，各国更加重视食品安全问题。基于良好的粮食安全状况，俄罗斯食品数量安全有较高的保障度。在粮食安全较好的情况下，俄罗斯关键在于提高食品加工能力，增加国产食品的比例，以弥补国内市场食品的不足，确保食品可持续安全，同时采取综合措施加强监管，确保食品质量安全。

（八）对欧盟食品进口禁令

2014 年，欧盟因乌克兰问题对俄罗斯实施经济制裁。作为回应，俄罗斯宣布禁止从美国、欧洲、挪威、澳大利亚和加拿大进口所有肉类、鱼类、乳制品、蔬菜和水果。2018 年 7 月 19 日，俄罗斯总统普京宣布延长 2014 年对西方食品实施的进口禁令至 2019 年 12 月 31 日，禁止进口名单包括鱼类、水果、蔬菜、肉类和乳制品。

（九）限制转基因技术使用

2016 年 7 月，俄罗斯总统普京签署限制转基因技术使用的法令，在俄境内禁止饲养转基因动物、种植转基因作物，禁止生产或进口转基因食品。特卡乔夫表示，俄罗斯有足够的自然条件生产非转基因作物，这一法令将帮助俄罗斯成为生态农业界的领先国家，占领更多世界绿色食品市场份额。

八 国家粮食安全的保障机制和资源

俄罗斯国家粮食安全保障机制寓于相关法律法规之中，这些法律法规确定国家经济及其某些行业发挥作用的条件，保障联邦预算和联邦主体预算的财政资源。保障国家粮食安全的措施与机制旨在有效消除对国家粮食安全的内外部威胁，与国家经济社会发展预期同步制定。俄罗斯联邦政府确保每年资源平衡，并有效利用农产品和水产品、原材料和食品。[①]

为便于全体居民获得食品，必须做出以下决定：建立对那些收入无法保障获得充足食品的居民有针对性的援助机制；批准保障食品安全的相互关联的指标系统，包括利用转基因原材料生产的食品；对食品进行控制并与国际组织的建议协调一致。这是一个全面的安全控制系统。制定食品企业对监督系统的统一要求，协调与国际组织的关系，确保食品工业向综合安全监督系统转变。

形成健康饮食类型，要求：开展新食物和配料医学生态安全评估的基础性和应用科学研究，引进创新技术，包括生物和纳米技术、食品和食品原材料的有机生产技术，增加生产新的浓缩、节食和功能性食物产量；为居民制定健康饮食教育方案，作为健康生活方式的一个最为重要的组成部分，吸引媒体资金，拟订专门的教学大纲；制定社会营养标准，并落实其支持措施；制定和实施一系列旨在减少酒精和其他含酒精产品消费的措施。

在农产品、水产品和食品的生产和流通方面，必须采取以下措施：优化跨部门经济关系，提高扩大再生产的增长率，农业和渔业吸引投资，并运用创新工艺；根据主要产品类型，以指示性价格为基础，稳定价格形势和形成价格构成机制；完善信贷支持系统，以确保大多数商品生产者可以获得短期贷款和投资；为发挥俄罗斯联邦各主体农工综合体和渔业专业化超前经济增长区的潜力创造条件，并在建立一个前瞻性的重新分配制度时考虑到这一因素；促进农产品和水产品、原材料和食品生产、加工和销售领域的一体化发展；快速发展内部市场基础设施；制定和实施技术现代化方案，开发新工艺，以提高农业和渔业、食品工业的劳动生产率和资源节约；在欧亚经济共

---

① Доктрины продовольственной безопасности Российской Федерации. Указ Президента Российской Федерации от 30января 2010г. N 120 " Об утверждении Доктрины продовольственной безопасности Российской Федерации". https：//rg. ru/2010/02/03/prod – dok. html.

同体成员国关税联盟框架内建立一个共同的食品市场和统一的商品流通网络；完善国家贸易政策，协调农产品和水产品、原材料和食物市场，包括确保扩大对国产产品公共服务的采购。

在保障粮食安全的组织和管理方面，必须做到：根据《俄罗斯联邦国家安全学说》实施的基本方向和机制，不断完善农工综合体和渔业综合体管理的法律基础；监测、预测和监控粮食安全状况；评估国家经济应对世界粮食市场变化和自然气候变化的稳定性及可靠性的程度；评估依赖外部食品供应的城市和地区的粮食供应的稳定性的大小；在保障食品安全领域，建立国家公共信息资源；食品安全保障系统由俄罗斯联邦的联邦法律、总统令和指令、政府令和法令，以及俄罗斯联邦安全委员会来决定。

俄罗斯联邦政府推行保障国家粮食安全的统一的国家经济政策；组织监测国家粮食安全状况和监控保障国家粮食安全措施的落实；采取措施以落实和保持农产品、水产品和食品基本品种的安全阈值；在欧亚经济共同体成员国关税联盟框架内建立一个共同的粮食市场和统一的商品流通网络；协调执行权力机构在保障国家粮食安全方面的活动。①

俄罗斯联邦主体国家权力机构与联邦国家权力机构协作：落实保障国家粮食安全的统一的国家经济政策（应考虑地区特点）；制定并通过俄罗斯联邦主体关于确保国家粮食安全的法律法规；在俄罗斯联邦主体形成和保持必要的粮食储备；监督俄罗斯联邦主体范围内的粮食安全状况。

俄罗斯联邦安全委员会在国家安全框架内研究保障国家粮食安全战略问题，起草关于俄罗斯联邦国家执行权力机关和联邦主体国家执行机构在履行保障国家粮食安全职责方面的建议。

《俄罗斯联邦国家安全学说》的实施将确保国家粮食安全，防止对国家经济可能产生的风险和威胁，增强国家经济的稳定性，为农工综合体和渔业综合体的快速发展和改善居民生活创造条件。

---

① Доктрины продовольственной безопасности Российской Федерации. Указ Президента Российской Федерации от 30января 2010г. N 120 "Об утверждении Доктрины продовольственной безопасности Российской Федерации". https：//rg.ru/2010/02/03/prod－dok.html.

九　加强国际和区域保障粮食安全的合作

为确保国家粮食安全，除加强内部各个方面的发展之外，俄罗斯不断加强与国际和区域组织合作，理顺国家间对话机制，按照俄罗斯联邦对外政策，俄罗斯与世界各地区主要国家就保障粮食安全问题发展关系。与国际和区域组织合作符合俄罗斯国家外交利益和经济利益。俄罗斯加入世界贸易组织的条件符合俄罗斯联邦的国家利益，并有助于巩固国家粮食安全。①

粮食出口份额占俄罗斯出口总量的 4.7%，能源原材料（石油、天然气、煤炭、木材）出口则占俄罗斯出口总量的 62.4%。虽然粮食出口量无法与能源原材料出口量相提并论，但因粮食贸易具有较为重要的政治和人文意义，其出口量的多少往往是次要的。粮食出口是国家经济福祉的最突出指标之一。应确保居民需求产品的高品质，不依赖进口，同时增强一个国家的世界地位和国际威望。那么，俄罗斯粮食出口发挥了哪些作用呢？

19 世纪末，俄罗斯在欧洲粮食市场占据主导地位，出口粮食收入几乎占对外贸易利润的 50%。20 世纪初，俄罗斯步入决定主导者行列，其在世界谷物生产中的比重：黑麦产量超过 50%，小麦产量超过 20%，大麦产量超过 33%，燕麦产量超过 25%。②

1993～1995 年市场关系形成时期，俄罗斯谷物出口几乎停滞。1994 年，在国内对谷物需求下降的背景下，俄罗斯恢复了粮食出口。谷物及其制品的影子市场大约占商品流通的 30%。完全以营利为导向的几十家贸易中介公司打破了国家出口相关政策和垄断的局面。

2001～2002 丰收年度，俄罗斯谷物品质实现飞跃。在 70 年后，俄罗斯向世界粮食市场提供大量谷物，使俄罗斯在几十个小麦出口国和 5 个大麦生产国中占据了应有的位置。俄罗斯国际地位的上升在很大程度上是由其商品

---

① Доктрины продовольственной безопасности Российской Федерации. Указ Президента Российской Федерации от 30января 2010г. N 120 "Об утверждении Доктрины продовольственной безопасности Российской Федерации" . https：// rg. ru/2010/02/03/prod – dok. html.

② Экспорт зерна из России：история и современность. https：// vvs – info. ru/helpful – informat.

生产增长所带来的。2003～2004 年，俄罗斯粮食产量下降至 7350 万吨，出口 600 万吨。

2008 年爆发的国际金融危机导致粮食价格灾难性下降，谷物出口在经济上是不可行的。2009 年 2 月，俄罗斯政府实行卢布贬值政策，谷物出口形势有所好转，当年俄罗斯谷物出口达到 2100 万吨。2009～2010 年，俄罗斯向世界市场提供了 2140 万吨的谷物。

由于俄罗斯谷物的高质量和价格具有竞争性，2011 年，俄罗斯不仅巩固了在传统市场的地位，还将消费者范围扩大到 84 个国家或地区。2013～2014 年，俄罗斯出口了 2590 万吨谷物，这使俄罗斯保持在居美国、欧盟、乌克兰和加拿大之后的世界谷物出口第五位。

正如经济学家所指出的那样，世界市场承认俄罗斯是一个重要的粮食供应国。据统计，2015 年世界十大粮食及其产品参与国，按照进出口值从多到少依次为：美国（进口 40.41 亿美元）、英国（进口 24.19 亿美元）、法国（进口 21.53 亿美元）、德国（进口 19.87 亿美元）、加拿大（进口 14.59 亿美元）、荷兰（进口 10.15 亿美元）、比利时（进口 9.77 亿美元）、意大利（进口 8.29 亿美元）、中国（进口 6.79 亿美元）、西班牙（进口 6.69 亿美元），德国（出口 34.57 亿美元）、加拿大（出口 20.38 亿美元）、美国（出口 19.84 亿美元）、比利时（出口 19.67 亿美元）、意大利（出口 19.10 亿美元）、法国（出口 17.87 亿美元）、荷兰（出口 16.10 亿美元）、英国（出口 12.62 亿美元）、波兰（出口 12.05 亿美元）、土耳其（出口 9.15 亿美元）。①

2016 年，俄罗斯粮食产量超过 1.19 亿吨，其中小麦产量为 7330 万吨，这是整个后苏联历史时期的最高纪录。2016 年 6 月 10 日，美国农业部提交的一份报告指出，这是最近一个世纪以来俄罗斯第一次跻身于世界小麦销售大国行列。俄罗斯小麦出口量为 2450 万吨，加拿大为 2250 万吨，美国为 2110 万吨。俄罗斯小麦出口大国地位的获得，主要是由于俄罗斯

---

① Экспорт зерна из России: история и современность. https://vvs‐info.ru/helpful‐informat.

南部的收成创下历史纪录。2016～2017 年，俄罗斯谷物出口量为 3690 万吨。①

俄罗斯小麦的主要消费者是欧洲南部，首先是意大利。俄罗斯向中东和非洲国家主要出口饲料。与主要竞争者的商品相比，俄罗斯的谷物既具有品质竞争力又有价格竞争力，价格相差在 14%～40%。

饲料谷物出口的非营利性是一个悬而未决的问题。位于黑海水域的出口码头城市有诺沃罗西斯克、图帕斯、塔曼。如果俄罗斯欧洲南部的谷物运输成本不超过每吨 500 卢布，那么西伯利亚的谷物运输成本将达到 1500 卢布到 2000 卢布。

2014 年，俄罗斯向埃及、土耳其、孟加拉国、尼日利亚、也门、阿塞拜疆、苏丹、伊朗、摩洛哥、黎巴嫩出口小麦达 54.189 亿美元，2015 年为 38.802 亿美元，2016 年为 41.706 亿美元。2014 年，俄罗斯向沙特阿拉伯、伊朗、阿尔及利亚、黎巴嫩出口大麦 7.845 亿美元，2015 年为 9.352 亿美元，2016 年为 4.246 亿美元。2014 年，俄罗斯向以色列、立陶宛、乌克兰出口黑麦 0.166 亿美元，2015 年为 0.16 亿美元，2016 年为 0.004 亿美元。

俄罗斯向中东国家出口谷物占其出口总额的 34%，出口国主要是埃及和土耳其。2016 年，俄罗斯粮食出口值达到 59.261 亿美元，比 2015 年高 0.59 亿美元，但比 2014 年少 13.303 亿美元。根据官方统计，到 2017 年 9 月 1 日，俄罗斯谷物出口量为 690 万吨，比上一季的 540 万吨多了约 28%。与此同时，小麦出口达到 500 万吨，超过了上年的 450 万吨。大麦出口几乎翻了 1 倍，玉米出口增长了 11 倍，达到 50.2 万吨。专家认为，俄罗斯小麦品质优于法国和乌克兰小麦品质。②

2017 年，俄罗斯粮食出口总值达 55.8 亿美元。这一年俄罗斯巩固了自己在世界小麦市场的地位，小麦出口量为 3300 万吨，超过美国 500 多万吨，美国出口小麦 2740 万吨。在世界小麦市场占主导地位的国家，除俄罗斯和

---

① Экспорт зерна из России: история и современность. https：//vvs－info. ru/helpful－informat.
② Экспорт зерна из России: история и современность. https：//vvs－info. ru/helpful－informat.

美国之外，还有加拿大（小麦出口量为 2050 万吨）、法国（小麦出口量为 1520 万吨）和澳大利亚（小麦出口量约为 1800 万吨）。①

2017～2018 年，俄罗斯出口粮食 3500 万～3700 万吨，其中出口小麦 3000 万吨。2018 年，俄罗斯粮食产量为 1.06 亿吨，基于此，2018～2019 年（2018 年 7 月 1 日～2019 年 6 月 30 日），俄罗斯粮食出口达到 3000 万～3500 万吨。②

据预测，俄罗斯小麦出口能够达到 4400 万吨，价值达 70 亿～80 亿美元。这种预测是比较现实的，其依据是小麦价格正在稳步提高，目前合同价格为每吨 185～186 美元。③

---

① Экспорт российского хлеба: динамика роста. http://xn——80aplem. xn——p1ai/analytics/ Eksport - rossijskogo - hleba - dinamika - rosta/.
② Экспорт зерна из России: история и современность. https://vvs - info. ru/helpful - informat.
③ Прогнозы на экспорт зерна из России в ближайшем будущем. https://vvs - info. ru/rossii/.

| 第五章 |

影响中俄共同保障粮食安全的因素

对中俄共同保障粮食安全产生影响的因素主要包括外部因素和内部因素两个方面。从外部因素来看，世界人口的不断增长，各国粮食消费量不断增加，导致世界粮食安全格局变得更加三极化、畸形化和复杂化。世界气候经常出现异常天气，对世界粮食生产产生较大影响。从内部因素来看，中俄农业合作规模不够大、种子问题、施肥标准不一、俄罗斯劳务大卡费时昂贵等因素对两国共同保障粮食安全产生了较大影响。

第一节　影响中俄共同保障粮食安全的外部因素

粮食安全是一个国家经济社会的主要指标之一。1983 年，联合国粮农组织将粮食安全定义为一个国家所有人随时既能够买得到又能够买得起所必需的基本食品。1996 年世界粮食峰会上界定了粮食安全的内涵，所谓粮食安全，是指一个国家所有人每时每刻都获得数量充足的、为维持生存和健康所必需的食品的一种状态。总体来看，粮食安全这一概念包括 4 层含义：一是获得食品的时间不受限制；二是食品数量充足；三是食品质量能够保障人的身体健康；四是所有人都能得到。通常，衡量粮食安全包括三个基本指标：一是食品买得起和消费得起的水平；二是有食品且数量充足；三是食品安全的质量水平。

为了确保各自国家粮食安全和食品安全尽可能达到上述指标，世界各国不断博弈，导致世界粮食安全形势日趋严峻，世界粮食安全格局复杂多变，国家间粮食安全关系不正常，粮食定价权的争夺越来越激烈。

一 世界粮食安全格局发生重大变化

世界人口不断增长，各国粮食消费量不断增加，导致世界粮食安全格局变得更加三极化、畸形化和复杂化。

（一）三极化

世界粮食安全格局的三极化主要表现在三个方面。第一极为欧美等发达国家，其粮食安全状况良好，依靠肥沃的耕地、优良的品种、先进的农业生产技术、高度机械化的作业水平，能够生产出满足本国国民需求的粮食，而且有可供出口的富余粮食。欧美等发达国家对世界粮食安全格局能够施加较大影响。第二极为南半球发展中国家，其粮食安全处于不安全状态。西方国家实行自由化、市场化的粮食贸易规则，导致上述粮食安全处于不安全状态的国家对国际粮食市场产生依赖，其原有的粮食生产体系逐渐被农业自由贸易体制冲垮，最终沦为西方发达国家霸权体系的附庸。处于以上两极的中间的一极为新兴市场国家，其经济社会发展迅速，但仍有大量处于贫困和饥饿状态的人口，在维护自身粮食安全的过程中要应对发达国家粮食市场体系对全球粮食生产和贸易的冲击。从实质上来看，世界粮食危机是供需错配、供求失衡的矛盾，但不公平、不合理的粮食贸易规则使粮食供求关系扭曲，间接地加剧了粮食危机所造成的负面影响。[①]

（二）国际粮食关系畸形复杂

粮食安全始终是国家安全体系的一个基础性内容，世界粮食安全格局中三极国家对全球粮食安全的博弈和较量产生了巨大影响。由于粮食资源在世界各国之间分布不均衡，粮食领域存在的要素禀赋差异引发结构性失衡，粮食产业链中出现了粮食垄断主义和保护主义这两大突出矛盾，各种不利因素

---

① 许彩慧：《中国粮食安全保障问题研究——大国博弈视角下我国粮食安全体系的构建》，硕士学位论文，中共中央党校，2017，第1页。

的累积导致了全球粮食供给不稳定，国际粮食关系扭曲畸形，因而世界各国均试图通过保守方式确保本国的粮食安全。[1]

二　世界粮食产业链定价权的争夺

粮食同时具有传统意义上的商品属性，以及新兴的能源属性和金融属性，各种属性相互影响交织，使发达国家在能源和金融市场上的市场实力进一步延伸到粮食市场，粮食供求和价格走向越来越难以准确把握和判断。从能源属性方面来看，由于石油、天然气等不可再生能源储量日益减少，主要发达国家趋向于生物质能源的开发和利用，生物质燃料的兴起进一步影响了未来粮食的供给，有造成短缺的可能性。从金融属性方面来看，粮价走向与汇率、热钱流动及国际农产品期货市场等形成共振联系。考虑到粮食的多重属性以及受到供需状况、能源存储及国际游资等多重因素叠加的综合影响，发达国家试图将粮食作为一种"农产品武器"加以掌控，以控制粮食为主的大宗农产品供给和定价权，进而使其成为控制发展中国家的粮食主权，最终全面控制其经济、政治、社会各方面的重要战略手段。[2]

三　国际粮食市场价格的剧烈波动

正如前文所述，各种不利因素累积造成了全球粮食供给不稳定，世界各国将粮食生产和市场控制作为维系粮食安全的重要手段。[3] 极端天气日益增多、世界人口数量不断膨胀、食品消费需求只增不减、农产品贸易自由化等不确定因素严重影响国际粮食市场的稳定，给世界粮食安全带来很大冲击，导致国际粮食争夺呈现日趋激烈的态势。当今世界农业贸易保护主义日渐强化，某些发达国家不断加大实行农业财政税收补贴政策的力度，由此导致建立国际农产品贸易新规则与新秩序的难度越来越大。

① 许彩慧：《中国粮食安全保障问题研究——大国博弈视角下我国粮食安全体系的构建》，硕士学位论文，中共中央党校，2017，第1页。
② 许彩慧：《中国粮食安全保障问题研究——大国博弈视角下我国粮食安全体系的构建》，硕士学位论文，中共中央党校，2017，第2页。
③ 许彩慧：《中国粮食安全保障问题研究——大国博弈视角下我国粮食安全体系的构建》，硕士学位论文，中共中央党校，2017，第1页。

中俄两国国内粮食市场价格波动受到国际粮食价格变化的影响较大，两者之间联动效应较强，其波动节奏大体上保持同步。两国粮食进出口与国内市场粮食价格的波动受国际市场粮食供求关系与价格变化的影响较为明显。中俄粮食进出口存在较大的不确定性，一方面，在所需农产品短缺的情况下，能否及时按需足额获得进口；另一方面，在国际农产品市场价格剧烈波动的背景下，进口粮食在国内市场的销售价格难以掌控。

四 国际粮食产业竞争日趋激烈

在农产品贸易格局中，全球农业资源的掌控与竞争制高点的争夺更趋激烈，农业经营集中度进一步提高，农业跨国公司制定粮食战略、掌控农产品的定价权以达到最终控制整个农业产业链的目的。加入世界贸易组织之后，中国对外开放步伐不断加快，国际农业跨国公司利用其雄厚的资金、强大的品牌、完善的服务管理等优势不断加大在中俄粮食市场的粮源、加工、销售、贸易、物流等重要环节的业务拓展力度，试图在更大程度上控制两国粮食生产、分配、消费、交换等全产业链，从而导致两国农产品市场竞争关系由单一的国内竞争格局逐渐转向国内外双重竞争格局甚至多层次竞争格局。这种竞争格局给两国粮食产业发展带来不安全因素，使中俄粮食安全面临较大的威胁。

五 世界气候变化

随着工业革命不断发展，人类大量使用和消耗化石燃料，使用含氟氯的碳化物，对森林进行大肆滥砍滥伐，表面繁荣的工业、农业、商业活动的背后，是大量温室气体的排放。温室气体是指大气中促成温室效应的气体成分，大气中的温室气体除了常见的水气、臭氧外，还有二氧化碳、甲烷、氟利昂等气体。这些气体容易吸收长波辐射，导致温室效应。温室气体的来源一般包括能源供应、工业生产、交通运输、伐木业、农业、居家办公、垃圾与污水等。[1]

---

[1] 王健：《中国应对气候变化的环境法问题研究》，硕士学位论文，东北林业大学，2016，第7页。

20 世纪初，人类因能源排放的温室气体量已经是 1970 年的 1.5 倍，按照目前的增长趋势，如果情况一直不能得到控制，2030 年前进入大气的温室气体量将比现在增长 50%。2014 年全球的二氧化碳排放量已经超过了 400 亿吨，而 10 年之前 90 亿吨的排放量已经让人惊叹于远超 20 世纪排放量的增长率。交通运输方面，地球产生的温室气体大约有 13% 来自交通工具，居家办公产生的温室气体占总量的 10%，与森林有关的温室气体占全球总量的 17%。由于农业生产会产生大量的甲烷和一氧化氮等温室气体，而未经处理的垃圾和污水生产的甲烷会加速气候环境的恶化，持续下去产生温室气体的比重将成倍上涨。从各国的一次能源供应消费情况来看，排名前十位的国家分别为美国、中国、俄罗斯、日本、德国、印度、加拿大、法国、英国和韩国。这些国家的能源消费总量约占世界一次能源消费总量的 62.9%。据统计，温室气体过量排放是全球变暖的主要原因。为了人类生存和社会经济的可持续发展，采取措施减少温室气体排放，无疑是一种理性的、积极的选择。[①]

气候变化对农业发展有重要影响。首先，气候变化引发极端天气不断增多。气候变化带来的一个重要影响就是极端天气日益增多。尤其是近些年来，台风、暴雨、干旱等极端天气出现的次数明显增多，给农业生产带来巨大危害。例如，中国东北地区的冻害、冰雹和干旱天气导致农作物大面积受灾，春季播种时遇到干旱或夏季降雨增多出现洪涝异常天气给秋季收成造成极为严重的影响。中国东南沿海地区经常受到台风的袭扰，这对该地区的整个农业生产产生了极大的负面影响。长江中下游地带作为中国粮食生产的重要基地之一，由于旱涝等自然灾害造成的农业生产损失数额逐年增加。对于俄罗斯来说，俄罗斯农业受天气影响更大，其基本"靠天吃饭"。年景好，风调雨顺，俄罗斯粮食丰富，反之则减产歉收。更为重要的是，异常极端天气导致很多土地养分大量流失或整个土地直接消失，致使耕地面积进一步减少，农业生产压力进一步增大。[②]

---

① 王健：《中国应对气候变化的环境法问题研究》，硕士学位论文，东北林业大学，2016，第 7 页。

② 任宏：《气候变化对农业生态的影响》，《农民致富之友》2019 年第 4 期。

其次，气候变化对农业水资源的影响较大。联合国气候委员会发布的数据显示，近30年来，全球降水量整体上呈现增加的态势，但不同地区的降水量变化差异较大。北半球中高纬地区和热带陆地的降水量整体上不断增加，但亚热带陆地的降水量每10年减少0.3个百分点。从中国的实际情况来看，中国半干旱地区的降水量从20世纪90年代开始，每年平均减少50毫米左右，并且在降雨集中的夏秋季节减少最为显著。同时，全球气候变暖导致土壤水分蒸发速度加快。20世纪90年代比50年代土壤水分蒸发量增加了35~45毫米。从综合降水量的变化和土壤水分蒸发的变化来看，20世纪90年代比60年代降水供给农作物平均减少了100毫米。同时，降水量的变化直接对河流流量的变化产生影响。中国最大的内陆河塔里木河自铁干里克以下区域已经完全断流，使整个下游河流长度缩短了180公里，直接造成了罗布泊完全干涸。除此之外，被誉为"中国母亲河"的黄河下游经常发生断流现象，并且断流时间不断提前、延长，断流距离不断变长，对沿河的农业生产造成了严重的影响。随着全球气候变暖、蒸发加剧、极端天气增多等，依靠自然降水无法解决农业水资源短缺的问题，并且自然降水量的变化对农业生产的影响范围有不断扩大的趋势。[1]

再次，气候变化对农作物本身的影响。全球气候变暖的主要原因是大气中二氧化碳排放量的增加，由此对农作物的生产造成了一定的影响。研究表明，在未来二氧化碳持续增加的情况下，中国花生的主要产地都会出现减产的现象。但长江中下游地区在碳浓度增加的情况下，农作物单季稻、冬小麦、大麦的产量会有所增加，而双季稻区水稻减产的步伐虽有所缓和，但总体上减产的趋势不会有所改变。从黄淮海平原冬小麦的生产来看，二氧化碳的增加会导致小麦生产的稳定性下降。与之相比，未来中国主要的玉米产地将会面临更大的风险，总产量的年际波动幅度将会变得更大。[2]

最后，气候变化对粮食安全的影响。病虫害是气候变化给农业带来的另一个危害，由此导致粮食产量难以稳定，无法得到应有的保障，粮食质量无

[1] 任宏：《气候变化对农业生态的影响》，《农民致富之友》2019年第4期。
[2] 任宏：《气候变化对农业生态的影响》，《农民致富之友》2019年第4期。

法保证，国家只能依靠进口粮食来解决本国的粮食安全问题，这对国家经济社会的发展带来了极大的冲击。全球气候变暖导致的"暖冬"天气是气候变化导致的一个严重后果。热量的增加除了导致病虫繁殖的速度大大加快，病虫害的威胁进一步加大，还会导致积雪加速融化，雨季提前来临，夏季干旱进一步加重。除此之外，作物的生长周期也会缩短，有机物的堆积逐渐减少，农作物的质量也随之下降。伴随诸多的不确定性，粮食安全将成为国民经济发展的重要影响因素，有效的针对措施还要根据气候的实时变化来制定。[1]

中国农业未来想要实现可持续发展，农作物种植本身主要面临以下几个方面的问题。第一，如何根据气候变化来调整农作物的产业结构布局，实现资源的合理利用和生产效能的最大化。第二，农作物的种植规律能否适应气候变化的速度，频繁地调整能否保证粮食生产的需求。第三，作物生产量的波动对整个经济社会发展带来的影响，可能会增加相应的农业成本和投资。综上所述，我们可以预见的是，未来一段时间，气候变化对农业生态造成的影响将是全球共同面对的难题。中国作为世界上人口最多的发展中国家，要积极应对气候变化，采取科学有效的措施，保证国民经济的健康稳定发展和持续进步。[2]

六　重大突发公共安全事件

2020年2～4月，新冠肺炎疫情在世界207个国家肆虐，截止到4月7日累计确诊1268419例，导致71523人死亡。新冠肺炎疫情的暴发给世界经济造成严重冲击，其中农业生产无疑也受到影响，由此引发公众对粮食安全的担忧，越南、埃及、俄罗斯、塞尔维亚、柬埔寨等国宣布禁止大米、小米等农产品出口。这意味着世界粮食市场供求将出现波动，世界粮食安全将面临威胁，因此中俄两国粮食市场必然受到一定程度的影响，两国粮食安全面临一定的威胁。

---

① 任宏：《气候变化对农业生态的影响》，《农民致富之友》2019年第4期。
② 任宏：《气候变化对农业生态的影响》，《农民致富之友》2019年第4期。

第二节 影响中俄共同保障粮食安全的内部因素

中俄共同保障粮食安全，除受到诸多外部因素的影响外，还受到两国农业合作规模不够大、双方受到棘手的种子问题的困扰、两国施肥标准不一、中国赴俄罗斯的农业工作者必须过俄语关、中国农民赴俄罗斯的劳务大卡办理时间太长和费用过高、中国对在俄从事农业合作的农民没有对等补贴、中国对俄农业合作投资风险保障不尽完善、自俄回运粮食进口关税没有优惠等内部因素的影响。

一 中俄双边农业合作规模不够大

俄罗斯农业部部长德米特里·帕特鲁舍夫指出，农业合作是中俄两国合作的重要方向。中国的劳动力资源、资本和技术等要素禀赋优势与俄罗斯丰富的耕地资源优势，是两国开展农业合作的坚实基础。中俄应将双方共同保障粮食安全问题提升到战略高度，通过加强农业产业化合作来实现共同保障粮食安全的目标。因此，中俄应增强双边战略互信，树立合作共赢的理念，加强双边农业产业化合作。中俄两国应建立起长期、稳定的中俄农业产业化合作渠道和机制，为稳定两国粮食市场、维护粮食安全做出应有的贡献。

近年来，中俄农业合作取得了显著成绩，但整体合作规模不大。2001～2018 年，中俄农产品贸易合作发展的主要特征是起步低、增长快、总体平衡（见表 5-1）。2001 年，中俄农产品进出口贸易额为 8 亿美元，其中，中国对俄罗斯出口 2.46 亿美元，自俄罗斯进口 5.54 亿美元，中国逆差 3.08 亿美元；2002 年，中俄农产品贸易额首次突破 10 亿美元，增长率为 25%；2008 年，中俄农产品贸易格局出现大调整，俄罗斯首次转为逆差；2010～2015 年，中国自俄罗斯进口持续徘徊，俄罗斯逆差持续增加；2018 年，中俄农产品贸易额再创历史新高，达 52.28 亿美元，增长 27.98%，其中，中国自俄罗斯进口 32.10 亿美元，增长 50.50%，对俄罗斯出口 20.18 亿美元，增长 3.37%，中国逆差 11.92 亿美元，增幅为 558.56%。

表 5－1　　2001～2018 年中俄农产品贸易情况

单位：亿美元

年份	中国自俄罗斯进口	中国对俄罗斯出口	中国与俄罗斯进出口	出口－进口
2001	5.54	2.46	8.00	－3.08
2002	6.77	4.42	11.19	－2.35
2003	7.15	5.68	12.83	－1.47
2004	8.51	5.94	14.45	－2.57
2005	11.51	7.29	18.80	－4.22
2006	12.90	8.85	21.75	－4.05
2007	14.43	12.23	26.66	－2.20
2008	13.25	14.42	27.67	1.17
2009	12.88	11.90	24.78	－0.98
2010	13.87	15.36	29.23	1.49
2011	16.93	19.47	36.40	2.54
2012	15.56	19.40	34.96	3.84
2013	15.71	21.00	36.71	5.29
2014	15.55	22.99	38.54	7.44
2015	17.23	18.01	35.24	0.78
2016	19.93	19.20	39.13	－0.73
2017	21.33	19.52	40.85	－1.81
2018	32.10	20.18	52.28	－11.92

资料来源：郑国富《中俄农产品贸易合作特征、问题与建议》，《西伯利亚研究》2019 年第 4 期。

二　中俄区域农业产业化合作水平不高

中国东北地区与俄罗斯远东和西伯利亚地区山水相连，地缘区位优势明显，往来便捷，成本低。在加强农业产品贸易、合作生产和劳务合作的同时，今后两国毗邻地区应着力加强农业基础设施建设和农业高新技术等方面的合作，促进两国东部毗邻地区区域间的农业产业化合作，以更大规模和更高水平保障双方和地区的粮食安全。

俄罗斯远东地区与中国东北地区同处世界三大黑土带之一，土壤肥沃，适宜种植玉米、大豆等粮食作物。黑龙江省企业和农民目前参与的农业合作项目遍及俄罗斯远东阿穆尔州、滨海边疆区、犹太自治州、哈巴罗夫斯克边疆区等 10 个州区，建成境外农产品生产基地总面积约 48 万公顷。2016 年，黑龙江省对俄罗斯农业产业协会会员企业境外种植面积由 2015 年的 800 多万亩增长到 870 多万亩；粮食回运数量呈上升趋势，由 2015 年的 35.8 万吨增长到 2016 年的 40 多万吨，价值 1.2 亿美元；会员企业由 2015 年的 122 家增长到 2016 年的近 130 家。2017 年以来，中俄农业合作稳步发展，成为双边贸易最大的新增长点。两国农产品相互准入清单不断扩大，中国全年从俄罗斯进口的农产品已超过 30 亿美元，成为俄罗斯第一大食品出口国。此外，中国企业还积极参与俄罗斯远东地区农业开发，开展种养加一体化农业合作项目，取得了良好的社会经济效益。

三 中俄大豆合作潜力未得到充分挖掘

2017～2018 年，俄罗斯向中国出口大豆 84.6 万吨。2019 年 9 月初，南京海关下属南通海关完成了 4431.677 吨俄罗斯大豆的口岸放行。这不但标志着中俄在大豆合作方面的最新进展，而且以海运散装方式进口的俄罗斯大豆首次登陆南通口岸，推动南通口岸成为长江流域拓展对接"一带一路"进口粮食海路物流通道的起点。

2019 年 9 月 5 日，俄联邦农业部发布消息称，2019 年，俄罗斯有能力将对中国大豆出口量增长到 100 万吨，自 2025 年起，将达到每年 370 万吨。俄罗斯大豆联会估计，未来 5 年，俄罗斯对中国的大豆出口量有可能达到 1000 万吨。

中国市场出现一定程度上的大豆短缺，俄罗斯远东地区在填补这一短缺方面有较大优势。大豆及大豆深加工产品位列远东地区农产品出口的第二位。俄罗斯远东和北极发展部长亚历山大·科兹洛夫表示，为了扩大对中国的大豆出口量，俄罗斯将开辟大豆种植区，高效种植该作物。

2019 年 6 月 5 日，《关于深化中俄大豆合作的发展规划》为全面扩展和深化中俄两国大豆贸易与全产业链合作奠定了重要基础。两国有关部门还签署了俄罗斯大麦等五项农产品准入的协议，为农产品贸易持续快速增长奠定了基础。

中国海关总署发布公告，将出口中国大豆产区扩展到俄罗斯全境，增加水路（包括海运）的运输方式。在遵守市场原则的基础上，中俄应充分挖掘双方大豆合作潜力，持续推进全产业链合作，打造长期稳定的合作格局。中俄农业产业化合作受自然、政策及社会文化等因素的影响较大，因而双方应增强农业产业化合作的风险意识，购买相关保险，将合作的风险降至最低。

四　中俄双边农业产业化合作的力度不够

中俄两国同为 WTO 成员，可以通过"绿箱"等倾斜政策和有关法律法规对双方的农业产业化合作给予相应的支持与保护，使之得以顺利开展，从而实现共同保障各自国家粮食安全的目标。农业产业化是提高劳动生产率、土地生产率、资源利用率和农产品商品率等的基本途径。为了共同保障粮食安全，中俄应加强农业产业化合作。

中俄企业首先需要对两国总体农产品市场和两国毗邻地区的农产品市场行情进行前期市场调研，较为准确地把握市场变化和农产品市场的供求行情，然后确定农业生产合作种植和养殖的品种和规模。实现农业产业化的农副产品生产，一般需要在一定区域范围内相对集中，从而形成较为稳定的区域化生产基地，便于管理。中俄农业产业化合作应着力进行区域化布局，努力推行科技含量高、资源综合利用率高和效益高的集约化生产模式，实现农副产品生产、加工、销售、服务专业化和经营一体化，把农业的产前、产中、产后各个环节有机地结合起来，形成农业产业链，使各环节的参与主体真正形成风险共担、利益均沾的利益共同体。

中俄应发挥两国地缘区位优势、基本生产要素禀赋和高级生产要素禀赋等方面的诸多优势，抓住当前的有利时机，积极行动起来，尽快沟通协调，建立长期、稳定的中俄农业产业化合作渠道和机制，为稳定两国粮食市场、维护各自的国家粮食安全做出应有的贡献。

五　双方受到棘手的种子问题的困扰

世界各国都有《种子法》，对本国种子的优良品种的筛选、培育、保护、销售、种植推广以及出口等做出了严格详细的规定。通常情况下，严禁外来种子入境，只有签署合作协议，才能通过正常渠道输入，并允许在一定范围内种植推广。

中俄之间目前没有签署相关协议，对两国农业合作产生了很大影响。俄罗斯各种蔬菜、水果以及玉米、黄豆等农作物的种子品种单一，中国则相反，品种较为丰富，可选择的余地较大，但因为两国没有签署相关协议，这对双方在蔬菜、水果和农作物种子合作方面产生了很大消极影响，不利于两国农业产业化合作的规模化、市场化、系统化格局的形成。

六 两国施肥标准不一

中俄两国老百姓对肥料的认识存在很大差异。我们认为，"庄稼一枝花，全靠肥当家"，给耕地施加农家肥能够增强土地肥力，一方面有利于养地，提高耕地的产出能力，降低种地成本；另一方面能提高庄稼收成。而俄罗斯老百姓认为，农家肥肮脏，会让人产生许多联想，觉得太恶心。

两国老百姓这种对施肥认识上的差异，导致给耕地施肥存在较大矛盾，而且无法调和，俗话说"入乡随俗"，我们只能做出让步。

七 中国赴俄罗斯的农业工作者必须过俄语关

俄罗斯联邦教育和科技部将外国人或无国籍人士的俄语水平分为5个等级：初级、一级、二级、三级和四级。俄语初级是指具备初级俄语交流技能，可以满足在一定情景下的日常生活和社会文化领域的基本交流要求。

中国赴俄罗斯工作的农业工作者必须过俄语关，在国内先参加俄语培训班，交一笔培训费。到考试的时候，俄罗斯派专门人员前来出题考试，还需要交考试费。

八 中国农民赴俄罗斯的劳务大卡办理时间太长、费用过高

中国农业工作者赴俄罗斯从事农业经营活动，需要办理赴俄罗斯的劳务大卡，官方说法为"工作签证"。其办理时间太长，一般需要两三个月时间，而且费用过高，通常为3000~4500美元。俄罗斯各地区不同城市之间费用有很大的差异，一般莫斯科、圣彼得堡的费用最高。如果包签的话，2万~3万人民币都是很常见的。圣彼得堡的工作签证包签需要花费168800卢布，折合人民币3万多元。

九　中国对在俄从事农业合作的农民没有对等补贴

在调研中，中国一个在俄罗斯种地的农民说："国家也应该给我们这些在国外从事农业合作的农民相应的补贴。"的确，目前国家还没有对在境外从事国际农业合作的农民与国内农民给予相应的补贴。为了减轻中国农民在境外从事农业活动的负担，增加其收入，建议国家给予他们一定的补贴，以鼓励他们并确保境外农业合作的可持续发展，为国家粮食安全做出贡献。

十　中国对俄农业合作投资风险保障不尽完善

中国在俄罗斯境内开展农业投资合作活动，因俄罗斯自然环境、天气状况不稳定，以及其他一些不确定性因素，可能导致中国农民在俄罗斯的农业投资受到较大的影响。为此，需要中俄两国政府或地方政府有关部门建立中俄农业投资合作风险基金，一旦异常天气或其他自然灾害导致农业减产，中国在俄罗斯开展农业投资合作的农民可以获得一定的补偿，不至于"血本"无归，从而能够继续开展双边农业合作。

十一　自俄回运粮食进口关税没有优惠

中国农民在俄罗斯或其他国家境内开展农业合作获得的粮食，在回运通过海关的时候，须按照通常的粮食进口关税标准缴纳。境外粮食回运的利润空间缩小，在一定程度上影响了从事国际农业合作的农民的积极性。因此，建议国家能够对从俄罗斯或其他境外回运的粮食给予一定的关税优惠政策，以增强农民开展国际农业合作的信心。

十二　中俄农业合作信息服务体系不健全

中俄在开展农业合作过程中，双方的信息交流不够充分，信息沟通渠道不畅，这表明两国间的农业合作信息服务体系不完善，对中俄双边开展农业贸易与产业化合作带来了不利影响。优质完善的信息服务保障体系可以大大加快两国农业贸易与产业化合作的发展，充分调动两国相关企业的积极性。

优良的农业贸易与产业化合作信息服务体系是双方开展农业全产业链合作过程中的一个重要推动因素和基础条件。

因此，在经济全球化背景下，随着中俄两国农业贸易与产业化合作的不断发展和规模的不断扩大、层次的日益提高，中俄两国建立起完善的农业贸易与产业化合作信息服务体系显得十分必要，其迫切性和重要性不言而喻。完善的农业贸易与产业化合作信息服务体系将极大地推动中俄农业贸易与产业化合作的快速发展，有利于中俄共同保障粮食安全目标的实现。

| 第六章 |

中俄共同保障粮食安全的合作路径与建议

为了共同保障两国粮食安全，中俄两国需要加强农业产业化合作路径，如市场化与一体化、区域化与规模化、专业化与集约化、企业化与社会化、构建长效合作机制等。我们提出增强中俄战略互信、树立合作共赢的理念、稳步实施国家粮食安全战略、制定国家间和地区间的长期合作战略、完善相关政策法规、逐步扩大和提高区域间合作的规模和水平、不断增强中俄共同抵御风险的能力、不断完善粮食安全应急预警系统、积极开展粮食国际贸易合作等对策建议，以推动中俄共同确保粮食安全。

第一节　中俄共同保障粮食安全的
农业产业化合作路径

通常认为，农业产业化是以市场为导向，以经济效益为中心，以主导产业、产品为重点，优化组合各种生产要素，实行区域化布局、专业化生产、规模化建设、系列化加工、社会化服务、企业化管理，形成种养加、产供销、贸工农、农工商、农科教一体化经营体系，使农业走上自我发展、自我积累、自我约束、自我调节的良性发展轨道的现代化经营方式和产业组织形式。

为了共同保障粮食安全，中俄加强农业产业化合作应重视对以下几个路径的选择。

一 市场化与一体化

以市场为导向,优化配置要素禀赋,实行产加销一条龙、贸工农一体化经营,形成产业链和风险共担的利益共同体。

对俄农业产业化合作应以市场为引导,以经济效益为中心。农业产业化经营必须以国内外市场为导向,改变传统的自我封闭式状态,科学合理地配置资源、组合生产要素,最终产品销售按照市场动态来实现。为了获取最大的经济效益,开展对俄农业产业化合作的企业,首先,需要对两国总体农产品市场和两国毗邻地区的农产品市场行情进行前期市场调研,较为准确地把握市场变化,以及农产品市场的供求行情;其次,确定农业生产合作种植和养殖的品种和规模。

俄罗斯对于中国发展农业领域互利合作的兴趣日益浓厚。俄罗斯不仅可以向中国增加原材料和食品供应量,同时可以加强运用中国先进农业技术和创新领域的合作,开展联合投资项目。俄罗斯市场对中国具有较大吸引力,提高中国向俄罗斯供应某些农产品、农业机械以及实施联合投资项目。[①] 2019 年,俄罗斯向中国的农产品出口额增长了 27%,达到 32 亿美元,对中国的农产品出口量占俄罗斯农产品出口总额的 12.5%,向中国出口肉类和奶制品总额为 1.44 亿美元。

根据中国相关法律法规和《中华人民共和国海关总署与俄罗斯联邦兽医和植物检疫监督局关于〈俄罗斯玉米、水稻、大豆和油菜籽输华植物检疫要求议定书〉补充条款》以及中国海关总署公告 2019 年 124 号《关于俄罗斯全境进口大豆的公告》规定,允许从俄罗斯全境进口大豆。该公告称,俄罗斯大豆是指在俄罗斯境内所有产区种植的且用于加工的大豆;进口的俄罗斯大豆不得携带中国禁止输入的检疫性有害生物;进口的俄罗斯大豆可采用水路、铁路、公路、航空等方式运输,装载的运输工具应符合检疫和防疫要求;其他检验检疫要求按原质检总局 2016 年第 8 号公告执行。

[①] Российско - китайское сотрудничество в области сельского хозяйства: состояние и перспективы. https://russiancouncil.ru/activity/policybriefs/rossiysko - kitayskoe - sotrudnichestvo - v - oblasti - selskogo - khozyaystva - sostoyanie - i - perspektivy/.

俄罗斯大豆主要产地在其远东地区，到中国运输距离近、快速便捷。俄罗斯谷物协会主席阿卡迪·兹洛切夫斯基表示，中国每年消耗数千万吨大豆，然而俄罗斯大豆总产量却不到 1000 万吨。因此，俄罗斯应扩大大豆种植面积，并考虑引进中国投资共同生产，以增强竞争力，增加对中国的出口，参与中国大豆市场竞争。此外，由于地理位置、土壤肥力和气候等原因，俄罗斯远东地区的大豆质量较好且为非转基因产品，价格也可以接受。中国大豆市场规模庞大且竞争激烈，而俄罗斯将成为众多竞争者之一。此次中国允许从俄罗斯全境进口大豆，可使中国有机会选择更多不同产地的产品。

中国全面开放俄罗斯大豆进口，使俄罗斯大豆在中国市场更有竞争优势。俄罗斯专家认为，这不仅使俄罗斯大豆更接近中国消费者，也有利于逐渐改变中国进口大豆过度依赖单一进口源的局面。

二　区域化与规模化

农业产业化的农副产品生产，一般需要在一定区域范围内相对集中连片，从而形成较为稳定的区域化生产基地，使生产布局集中，便于管理。进行区域化布局，农副产品生产主要在中俄两国东部毗邻地区范围内相对集中连片。中俄农业产业化合作应主要集中在俄罗斯的阿穆尔州、哈巴罗夫斯克边疆区和滨海边疆区 3 个联邦主体，通过两国政府有关部门的协调，以区域化原则为指导，以形成区域积聚效应为目标，科学安排农业生产布局，形成中俄农业产业化合作的区域生产规模，达到产业化的标准，增强辐射力、带动力和竞争力，以期释放出更大的区域积聚效应。

中俄农业产业化合作形成区域化和规模化，能够使双边农业产业化合作增强辐射力、带动力和竞争力，从而提高其区域积聚效应和规模效益。

俄方认为，农业合作已经成为中国和俄罗斯之间交流和务实合作的一个新亮点。中俄两国在农产品生产、农产品贸易以及投资合作等方面具有较强的互补性且合作潜力巨大。特别是两国在俄罗斯远东地区的农业合作是互利共赢的，如双方开展农业种植、农产品深加工、畜牧业、农业科学技术研究和投资等领域的双赢合作。①

　　黑龙江省发挥与俄罗斯地理毗邻的地缘优势，与俄罗斯开展农业合作具有诸多便利条件。黑龙江省利用这一地缘优势，与俄罗斯远东地区开展区域农业合作，形成了较大的规模。黑龙江省对俄罗斯农业合作项目大多数（80%）集中在俄罗斯远东地区的滨海边疆区、哈巴罗夫斯克边疆区、阿穆尔州和犹太自治州，其余项目扩展到俄罗斯中部的西西伯利亚鄂木斯克州。黑龙江省进入俄罗斯市场的中国公司中，大部分是私营公司、从事土壤栽培的国有农场、从事农作物种植的农村农业企业，还有由几个农户组成的合作社。

　　据统计，目前黑龙江省在俄罗斯从事农业开发的企业有162家，占对俄罗斯投资企业的45%，累计投资额为14.64亿美元。在俄罗斯境内经营960万亩耕地，种植的农作物包括大豆、玉米和水稻，其中大豆种植份额超过90%；养殖业主要饲养猪、牛、鸡。2017年，黑龙江省从俄罗斯进口粮食51.3万吨，其中大豆进口50.2万吨，约占自俄粮食进口量的98%，回运大豆47.4万吨，约占自俄进口粮食的87%。2017年，全俄粮食产量为1.2亿吨，出口4500万吨，黑龙江省进口俄罗斯粮食占其出口的1.1%。随着俄罗斯不断出台加强远东地区开发的相关政策及企业投资积极性的提高，黑龙江省在俄罗斯建立了8家农业型园区，主要开展境外种植、养殖、农产品加工、跨境贸易和运输等，从而使中国对俄罗斯农业投资合作领域逐步扩大，形成了以种植蔬菜和大豆、玉米、小麦等粮食作物为主，逐步延伸到粮食精深加工、物流运输、粮食返销和畜牧养殖、中药材种植等多个领域，对俄农业合作产品的附加值和经济效益显著提高，逐步形成了双方农业合作的区域化和规模化的格局。②

三　专业化与集约化

　　立足于生产、加工、销售、服务专业化，科技含量高、资源综合利用率

---

① Китай и Россия неуклонно продвигают взаимовыгодное сотрудничество в области сельского хозяйства. http: // russian. china. org. cn/exclusive/txt/2016 – 11/08/content_ 39677796. htm.

② 任继红：《推进黑龙江省对俄农业合作高质量发展对策研究》，《商业经济》2019年第5期。

高、效益高的集约化，实现对俄农业产业化合作的集约化和专业化生产，以及一体化经营。只有通过农业专业化生产，才能实现农业产业化经营所要求的提高劳动生产率、土地生产率、资源利用率和农产品商品率等。

对俄农业产业化合作应着力进行区域化布局，努力推行科技含量高、资源综合利用率高和效益高的集约化生产，实现农副产品的生产、加工、销售和服务的专业化，以及经营一体化，即生产与销售一条龙、贸工农一体化经营，把农业的产前、产中、产后各个环节有机地结合起来，形成农业产业链，使各环节的参与主体真正形成风险共担、利益均沾的利益共同体。

四　企业化与社会化

农业产业化合作应实行企业化管理、社会化服务。生产经营管理实行规范的企业化运作，加强企业化经营与管理。

中俄农业产业化合作企业应采取规范的企业化运作，农副产品生产符合规范性和标准化的要求。同时，中俄农业合作产业化经营应建立起社会化的服务体系，从而促进各生产经营要素直接、紧密、有效地结合和运行。

五　区域多元化合作的规模化、标准化

2018 年 9 月通过的《中国东北地区和俄罗斯远东及贝加尔地区农业发展规划》确定中国东北地区和俄罗斯远东及贝加尔地区在以下多元化的领域开展规模化、标准化的农业合作。

（一）种植业

建设规模化种植基地，积极发展大豆种植，推进大豆—玉米、大豆—牧草轮作，因地制宜发展水稻种植，扩大城市周边蔬菜种植规模，推动建设种植业综合体。

（二）畜牧业

建设标准化养殖基地，在草场资源丰富地区发展奶牛、肉牛养殖，在粮食主产区发展猪禽养殖，提高养殖规模化和自动化水平，推动建设畜牧业综合体。

（三）渔业

建设标准化育苗场、养殖场，发展优质鲑鳟鱼、海参、海胆等养殖，开展鳕鱼、鲽鱼、鲱鱼等天然鱼类捕捞，配套建设大型综合性渔港。

（四）加工流通业

发展大豆、乳制品、水产品和特色食品精深加工，以及畜禽屠宰和肉类分割加工，建设大宗农产品仓储转运等物流基础设施，鼓励壮大加工流通产业集群。

（五）农业投入品

鼓励建设农作物种苗繁育基地和畜禽水产良种供应基地，以及配套种子烘干加工设施，加快饲料工业发展，建立农机具生产和售后服务体系。

（六）投资贸易

建立双边磋商机制，协调解决区域农业投资贸易中遇到的问题，促进投资贸易便利化。组织参加中国国际农产品交易会、俄罗斯金秋十月国际农业展览会等农业展会。

（七）科技创新

共同推动建立农业科技研发平台和信息交流机制，加强农作物、畜禽、渔业种质资源保护和挖掘利用，开展新品种、生产加工关键技术和新工艺研究，联合制定相关技术规程和标准。

（八）检验检疫

努力加强跨境动植物疫病联合防控，制定应急处置机制，互相通报疫情事件，交换疫情报告，通报防控措施。加强检验检测技术等交流合作，提升口岸检疫查验能力。

（九）绿色发展

就农业用地保护问题开展合作，防止土地退化，履行土地修复义务，改善土壤肥力，推广绿色农业技术，发展有机农业。加强天然草原保护，推动草原依法有序利用。实施濒危野生动植物原生境保护、移植保存和人工繁育。

第二节　中俄共同保障粮食安全的建议

中俄互为毗邻大国，山水相连，无论是从客观条件还是主观意愿出发，两国建立保障粮食安全的命运共同体是双方必然的选择。在美国等西方国家对中国和俄罗斯实施各种遏制和制裁的背景下，中俄在共同保障粮食安全等方面开展紧密合作，携手同行，更是双方必然的选择。为此，我们就中俄共同保障粮食安全提出以下几点建议。

一　两国树立新粮食安全观

在经济全球化背景下，中俄两国必须以新的视角看待当前的粮食安全问题。一方面，着眼于粮食安全的国际视角，树立互利合作、多元发展、协同保障的新粮食安全观。另一方面，着眼于两国丰富的食物资源，建立以谷物为中心、粮食为重点的综合化食物安全观。新粮食安全观强调内部粮食安全与外部粮食安全相统一、生产安全与流通安全相统一、数量安全与质量安全相统一、当前安全与长远安全相统一、事前预警与事后评估相统一。[①]

二　增强中俄战略互信，树立合作共赢的理念

中俄应将双方共同保障粮食安全问题提升到国家安全战略的高度，认识到两国通过加强农业产业化合作，提高粮食产量，丰富农产品品种，供应两国消费市场，从而实现共同保障粮食安全的目标。

保障中俄两国粮食安全，对地区粮食安全乃至世界粮食安全均具有重要的战略意义。因此，中俄应增强双边战略互信，摒弃戒备心理，树立合作共赢的理念，增强共同安全观、合作安全观，通过加强双边农业产业化合作以确保各自国家的粮食安全。

三　稳步实施国家粮食安全战略

不断完善和稳步国家粮食安全战略，逐步推进粮食收储制度改革，进一步完善粮食等农产品价格形成机制。创新完善粮食宏观调控，确保粮食流通顺畅有序、市场运行安全平稳。深入实施优粮优产、优粮优购、优粮优储、

---

① 李孟刚：《国家粮食安全保障体系研究（摘要）》，社会科学文献出版社，2014，第 2 页。

优粮优加、优粮优销的"五优联动",加快建设粮食产业强国。认真落实粮食安全省长责任制,推动完善中央和地方共同负责的粮食安全保障机制。①

四 制定国家间和地区间的长期合作战略

中国相对较为充足的劳动力资源、资本和技术等要素禀赋优势与俄罗斯丰富的耕地资源优势互补,这是中俄两国开展农业产业化合作的坚实基础。要素禀赋优势互补是双方合作的客观条件,为了合作具有可持续性,中俄两国政府间和地区间应制定长期合作战略,这既是双方合作意愿的体现,也是双方保持长期合作的一种约定。

中俄两国应充分发挥要素禀赋互补优势,切实制定国家间和地区间的长期合作战略,建立起长期的农业产业化合作机制,形成农业产业化合作产业链,从而确保双边农业产业化合作的可持续性,使两国共同保障粮食安全具有持久性、延续性和可靠性。

五 完善两国相关政策法规

中俄两国同为 WTO 成员,可以通过"绿箱"等倾斜政策和有关法律法规对双方的农业产业化合作给予相应的支持与保护,为中俄共同保障粮食安全合作提供切实保障。在种子、农药、化肥、生产、管理、收储、加工和销售(包括粮食回运)等各个环节都给予相应配套政策法规扶持,使之得以顺利进行,从而实现共同保障各自国家粮食安全的目标。

六 逐步扩大和提高区域间合作的规模和水平

中国东北地区与俄罗斯远东和西伯利亚地区山水相连,地缘区位优势明显,往来便捷,成本低。在加强农业产品贸易、合作生产和劳务合作的同时,今后两国毗邻地区应着力加强农业基础设施建设和农业高新技术等方面的合作,促进两国东部毗邻地区区域间的农业产业化合作,在更大的规模和更高的水平上保障双方和地区的粮食安全。

---

① 张务锋:《着力提高国家粮食和物资储备安全保障水平》,《经济日报》2018 年 12 月 20 日。

七 不断增强共同抵御风险的能力

对俄农业产业化合作受到诸如自然因素、政策因素、社会文化因素等的影响较大，因而双方应增强农业产业化合作的风险意识，参加相关险种的保险，将合作的风险降至最低，以提高抵御风险的能力。

中俄应建立主要用于双边农业合作的共同保险基金。为了降低双边农业合作风险，两国依靠地方政府和大企业联合出资共同建立农业风险基金，这是确保两国农业合作顺利开展的重要工具。[①]

总之，中俄应发挥两国地缘区位优势、基本生产要素禀赋和高级生产要素禀赋等诸多优势，国家和地方政府有关部门应抓住当前的有利时机，积极行动起来，尽快沟通协调，建立起长期的、稳定的中俄农业产业化合作渠道和机制，为两国粮食市场的稳定、维护各自的国家粮食安全做出应有的贡献。

八 建立国家多级粮食储备主体体系

在世界粮食安全比较严峻的背景下，一方面需要满足中国居民对粮食的正常需求，另一方面必须在国家粮食战略储备、粮食市场调控等重点方向上不断提高国家粮食安全的保障能力。中俄需要建立并完善"藏粮于地""藏粮于民""藏粮于技"的国家多级粮食储备主体体系，以保障农业耕地的可持续生产能力，不断增强国家粮食仓储的整体技术和储备能力。

第一，"藏粮于地"。目前，中俄农业可耕地总体质量在持续下降，导致其粮食生产能力弱化，只能依靠不断增加粮食播种面积来弥补，但从长远来看，这对两国粮食产业的可持续发展是不利的。通过轮作休耕的方式"藏粮于地"在很大程度上能够缓解这一问题的严重程度，即在国家粮食市场供过于求的情况下将一部分耕地休耕，使其修复生态、恢复地力，从而有效保护土地的粮食生产能力。而在国家粮食市场求大于供时再启动休耕的耕

---

① Глеб Объедков. Как Китай оценивал сельское хозяйство России и китайско - российское сельскохозяйственное сотрудничество. https: //www. agroxxi. ru/stati/kak - kitai - ocenival - selskoe - hozjaistvo - rossii - i - kitaisko - rossiiskoe - selskohozjaistvennoe - sotrudnichestvo. html.

地生产粮食，这样通过减少或增加农业耕地的方式来维持国家粮食市场供求的基本平衡。仅从中国来看，目前，中国农业耕地的轮作休耕试点面积已从2016 年的 616 万亩扩大到 2018 年的 2400 万亩。2020 年 7 月 22 日，习近平总书记在吉林省梨树县视察时指出，要保护好黑土地，这是"耕地里的大熊猫"。总书记这个生动的比喻说明了保护好耕地的重要性，只有土壤培肥，提高地力，才能促进粮食增产，实现"藏粮于地"的目标。

第二，"藏粮于民"。政府主导型和市场主导型是目前世界各国主要的粮食储备体系，中国的粮食储备体系以政府主导型为主。从近几年的情况来看，中俄两国农民的存粮备荒意识日益淡化，在粮价上涨的时候，农民积极出售粮食，不再储存粮食，而且农民也不具备先进的储粮设施和科学的技术手段，这就使农户的粮食存储量不断减少。为保障国家粮食安全，需要提高农民的粮食储备意识，不断扩大"藏粮于民"的粮食储备规模。不过，这需要各级政府给予农民一定的补贴，以改善和提高农民的存粮质量。要逐步建立起以政府主导、农民积极参与和粮食贸易、加工企业"三位一体"的国家多级粮食储备主体体系，进而实现政府储备与民间储备并存的粮食储备格局。

第三，"藏粮于技"。从整体来看，中俄两国存在粮食仓储设施的闲置与不足并存的局面，普遍存在粮食仓储硬件设施不够完善、智能化与节能化水平较低的问题。为此，需要采用信息化、自动化、智能化管理等较为先进的科技手段对粮仓进行升级改造，有针对性地差异化改造、升级各地的粮食仓储设施功能，增加粮食储存环节的绿色储粮技术的应用份额，提高粮食仓储效率，以延长粮食储备的储存期和提高粮食储备的品质。

九　构建长效安全合作机制

为确保国家粮食安全，在以往合作的基础上，中俄两国通过协商采取较为行之有效的措施开展广泛的农业产业化合作，逐步构建起中俄共同保障粮食安全的长效合作机制。

（一）中俄共同保障粮食安全的合作安全机制

粮食安全观是国家安全观之一。国家安全观是人们对国家安全的威胁来源、国家安全的内涵和维护国家安全手段的基本认识。随着全球化进程的发展、国际体系的变化，人们的国家安全观也在进行不断的变动和调整，出现了全球化背景下国家安全观的演变与重构问题。

1. 中国国家安全观

中国几代领导人根据当时国内外形势的变化，提出了各个时期的国家安全观。

冷战时期，中国一直处于来自美国等帝国主义国家和苏联扩张霸权主义的围堵和侵扰，面临强大的外来入侵的威胁，不得不同时面对两个超级大国，所处的国际环境严峻复杂。为了应对来自外部对国家主权和领土完整的军事威胁和入侵，确保国家领土和主权完整不受外敌侵犯的军事安全，是当时中国所持的国家安全观。毛泽东面对东西方两个阵营的对抗和争夺，强调中国的国家安全主要是政治上的生存安全。

冷战结束后，中国的周边安全环境和所处的国际安全环境明显改善，和平与发展成为时代的主题，国际关系大大缓和，军事威胁下降，但一系列非传统安全威胁却不断上升。经济全球化的趋势发展迅猛，各国在安全上的共同利益增多，相互依赖增强。在这种情况下，中国的传统安全观发生转型，逐步形成新安全观。国家安全的内容由军事和政治扩展到经济、科技、社会、生态、文化等诸多领域，解决争端应通过对话和合作，而不应诉诸武力或以武力相威胁。安全是各国的普遍安全，任何国家都不应把自己的安全建立在损害他国安全利益的基础之上。

邓小平针对以和平与发展为主题的国际关系形势，提出中国的国家安全是以重视经济发展为主的综合安全观。江泽民面对世界多极化、经济全球化的浪潮，提出建立适应时代要求的互信、互利、平等、合作的新安全观。新安全观的基本含义包括以下四个方面。

（1）综合安全观。新安全观强调多维的、综合的安全内容，除传统安全因素外，更加重视非传统安全，如经济安全、能源安全、科技安全、网络安全（信息安全）、生态安全、文化安全、社会安全等。

（2）总体国家安全观。2014 年，中共中央总书记、国家主席、中央军委主席、中央国家安全委员会主席习近平在主持召开中央国家安全委员会第一次会议时提出，坚持总体国家安全观，走出一条中国特色国家安全道路。习近平总书记指出，贯彻落实总体国家安全观，必须既重视外部安全，又重视内部安全，对内求发展、求变革、求稳定、建设平安中国，对外求和平、求合作、求共赢、建设和谐世界；既重视国土安全，又重视国民安全，坚持以民为本、以人为本，坚持国家安全一切为了人民、一切依靠人民，真正夯实国家安全的群众基础；既重视传统安全，又重视非传统安全，构建集政治安全、国土安全、军事安全、经济安全、资源安全、科技安全、生态安全、文化安全、社会安全、信息安全、核安全等于一体的国家安全体系；既重视发展问题，又重视安全问题，发展是安全的基础，安全是发展的条件，富国才能强兵，强兵才能卫国；既重视自身安全，又重视共同安全，打造命运共同体，推动各方朝着互利互惠、共同安全的目标相向而行。

（3）强调国家安全的平等原则。国家不论大小、强弱、贫富，都是国际社会的平等一员，不仅有权决定本国事务，还有权自主平等地参与决定国际事务，从而应对共同的挑战，实现世界的持久和平与安全。

（4）主张建立共同合作安全模式。合作安全是一种广泛的安全取向，它在范围上是多向度的，强调确保而非威慑，偏重多边主义胜于双边主义，偏爱非军事解决办法胜于军事解决办法。中国主张把共同合作安全模式作为实现国家安全的机制，就能有效地保证世界的安全，从而确保国家安全。为此，要求各国必须超越"冷战思维"，以全球利益为关注点，建立起维护相互安全的预警机制——合作安全，最终实现共同安全。

2019 年 4 月 26 日，在第二届"一带一路"国际合作高峰论坛开幕式上，中国国家主席习近平在《齐心开创共建"一带一路"美好未来》的主旨演讲中指出："我们启动共建'一带一路'生态环保大数据服务平台，将继续实施绿色丝路使者计划，并同有关国家一道，实施'一带一路'应对气候变化南南合作计划。"这充分体现了中国总体国家安全观理念。

2. 俄罗斯国家安全观

任何国家安全观念、安全思想的形成都是时代的大背景与各国的国情相结合的产物，因此，作为民族历史、文化传统底蕴外在表现的一个层面，它具有相对的稳定性、继承性，而作为一种历史的、时代的产物，它又具有动态性、发展性。以俄罗斯联邦国家安全政策为载体的俄罗斯联邦国家安全思想深深地打上了民族历史发展的烙印。地缘政治、军事实力、集体安全既是俄罗斯民族传统安全思想的重要依托，又是其核心内容。

从国际政治角度来看，目前存在传统安全观和新安全观两种安全观念。俄罗斯国家安全构想改变了以军事安全为首要安全的传统安全观念，强调安全主体的多元化、安全内容的综合化和安全手段的多样化。俄罗斯的传统安全观正在向新安全观转型。

（1）传统安全观。俄罗斯以地缘环境为基础，以救世观念为思想支柱而形成的传统安全观念，要求俄罗斯必须成为一个强大的国家。俄罗斯民族在心理上就缺少应有的安全感。为了谋求民族的生存、维护国家的安全，俄罗斯采取扩张领土，加大防御纵深，以空间争取时间的战略方法，形成了地缘取向的安全观。支撑俄罗斯不断扩张领土的强大精神支柱是东正教的救世观念，在这种救世观念的影响下，形成了俄罗斯的大国情结，奠定了俄罗斯要拯救世界的心理基础。为了拯救世界，就需要强大的国家作后盾。为了尽快赶超西欧邻国，俄罗斯奉行经济赶超战略和军事强国战略，把自己有限的经济实力用在强化本国的军事力量之上，走上了通过军事手段振兴、富强国家的发展道路。因此可以说，俄罗斯传统安全观高度重视地缘安全和军事安全在维护国家安全中的作用。

（2）新安全观。冷战期间，苏联的国家安全观以生存为根本，把增强军事实力放在维护国家安全的首位。冷战结束后，俄罗斯根据新形势下保障国家安全的需要，对国家安全战略的理论和内容做出调整和更新，形成了新安全观，其具体内涵如下。

一是安全主体多元化。从安全的主体来看，俄罗斯构筑起以国家为基本安全主体的多元化安全主体体系，把安全主体从个人、社会、国家扩展到整个国际社会，突破了传统安全观中国家是唯一主体的格局。国家仍是安全的主体，但不再是唯一的主体，俄罗斯把个人、社会和国家都看作安全的主体，主张安全主体多元化。

俄罗斯《安全法》中规定的"安全"概念和安全对象就涉及个人、社会和国家三者的安全问题，即"安全是保护个人、社会和国家的至关重要的利益免受内外部威胁的状况"。"安全的基本对象包括：个人——其权利和自由；社会——其物质和精神价值；国家——其宪法制度、主权和领土完整。"俄罗斯学者关于国家安全的主体的研究亦分为个人、社会和国家三个层次，并指出，三者的地位和作用取决于社会关系、政治稳定和内外威胁的程度。虽然俄罗斯在安全主体问题上主张多元化，但国家在安全中仍然占据绝对优先的核心主体地位。

二是安全内涵的综合化。从安全的内容来看，俄罗斯打破了传统安全观仅仅局限于军事领域的限制，把安全的内容分为从军事领域扩展到经济、内政、社会、信息、边界、生态和国际等诸多领域，从而实现了安全内容的综合化。

除重视自身的各领域安全外，俄罗斯还把安全视野延伸至国际安全方面，认为国家安全与国际安全相互影响、相互作用，具有互动性、不可分割性，借助单边和多边力量，在次区域、地区和全球范围建立相应的安全保障机制，对维护地区与全球和平具有重要的意义。维护国家安全仅靠一国的力量是远远不够的，必须加强国际合作，没有和平的国际环境，实现国家安全是困难的。不过，俄罗斯还是把军事安全放在国家安全中的重要位置上。

三是保证国家安全手段的多样化。俄罗斯不再把军事手段看作维护国家安全的唯一有效手段，强调军事手段与非军事手段的综合运用，即确保国家安全的手段包括军事、政治、经济、法律、组织及其他性质的措施。由此可见，为防止战争和武装冲突，俄罗斯联邦更倾向于使用政治、外交、经济和其他非军事手段，从而实现安全手段的多样化。但俄罗斯仍把军事手段视为在某种情况下发挥至关重要作用的措施，强调"俄罗斯联邦武装力量在保证俄罗斯联邦军事安全方面起着主要作用"。

综观后冷战时期，中俄两国国家安全观均实现了历史性的转型，具有趋同性，在安全内容、维护安全手段等方面存在共同点，在相关安全领域存在一致的安全利益，这为两国在安全领域的合作奠定了理论基础，创造了必要的前提和条件。

中俄具有相同或相近的国家安全观，在此基础上构建起中俄共同保障粮食安全的合作安全机制，对于两国共同保障粮食安全将发挥重要作用。

（二）中俄共同保障粮食安全的多层次定期磋商机制

中俄总理定期会晤机制及其下设各领域分委会为中俄全面合作进行顶层设计，对于不断深化双边全方位合作具有重要指导作用。

在区域合作层面，在中俄两国发展理念高度契合的基础上，双方建立了"东北—远东"和"长江—伏尔加河"两大地方区域性合作机制，缔结了130多对友好城市及友好省州。作为双方务实合作的载体和关键领域，中俄地方合作，一方面有助于深化中俄新时代全面战略协作伙伴关系，另一方面在构建新型大国关系的过程中形成了合作模式。

2015年，中国东北地区和俄罗斯远东地区地方合作理事会成立，2016年将其改组为政府间委员会，并纳入中俄总理定期会晤机制。在经济贸易合作方面，随着俄罗斯经济逐步走出低迷状态以及中俄两国经贸合作的进一步深化，中国东北地区对俄罗斯经济贸易合作稳步增长。黑龙江省对俄罗斯经济贸易合作迅速增长，对俄罗斯进出口达700多亿元，增长19.5%，占该省进出口总额的58.0%，占中国对俄罗斯贸易额的13.1%。石油、木材、煤炭、粮食和食品是黑龙江省进口俄罗斯商品的主要类别，出口以机电产品、服装、食品、轻工产品为主。

2013年5月，中俄"两河流域"合作地方领导人圆桌会议在湖北武汉举行，中俄"两河流域"合作机制正式建立。2016年7月19日，两河流域地方合作理事会首次会议在伏尔加河畔的乌里扬诺夫斯克召开，中俄两国签署了《中国长江中上游地区和俄罗斯伏尔加河沿岸联邦区地方合作理事会条例》，标志着双方合作机制进一步完善，将促进中俄两国地方合作从边境毗邻地区向纵深发展。2017年6月16日，中国长江中上游地区和俄罗斯伏尔加河沿岸联邦区地方合作理事会第二次会议在安徽省合肥市召开，国务委员杨洁篪和俄罗斯总统全权代表巴比奇启动"长江—伏尔加河"地方合作理事会网站，签署《会议纪要》和《关于对〈长江—伏尔加河地方合作理事会条例〉进行修订的议定书》，并见证两地区地方政府签署多项合作文件。

长江中上游地区包括安徽、江西、湖北、湖南、四川和重庆6省市，占中国经济总量的22%，是中国重要的农业、制造业基地。伏尔加河沿岸联邦区包括 14 个联邦主体，占俄总面积的 6.1%，占俄国内生产总值的 15%，是俄重要的农业、工业区。长江中上游地区与伏尔加河地区均属中俄两国重要经济区，地区经济产业结构类似、工业基础完善、交通便利、创新产业发达等优势条件为两地区的合作开辟了广阔前景。

中俄之间已形成了多层次定期磋商机制，再加上 2018～2019 年为中俄地方合作交流年，为中俄共同保障粮食安全合作创造了良好条件。

（三）中俄政府形成给予双方开展农业产业化合作相应的扶持政策和资金支持机制

1. 各级财政扶持资金向对俄农业合作倾斜

我们建议，一方面，从中央财政农业综合开发资金中划拨一部分用于对俄农业合作开发，在中小外贸企业融资担保专项资金申请和农产品精深加工等项目申报方面给予倾斜。另一方面，出台省级对俄农业专项扶持政策和设立专项扶持资金，主要内容就是对大项目、土地租赁、农机购置补贴、自用农机具出口及维修、农产品回运等方面进行政策和资金扶持。

2. 出台金融扶持及补贴政策

支持各类商业银行开发扶持对外农业合作金融产品，为其发展提供资金支持。对省内境外农业企业实行国民待遇。鼓励金融机构加大政策性担保力度，适当调整赴俄农业企业申请贷款的门槛和抵押要求。对回运粮食的落地加工给予国内粮食加工相同的补贴政策。农业补贴享受省里的相关政策（境内境外一视同仁），扩大农业对外投资险种和保险范围，帮助赴俄农业开发企业规避投资风险，对全产业链实施投资与管理，实现产业全面升级，探索解决对俄合作企业融资难问题。

3. 设立境外大豆种植扶持专项基金

黑龙江省是大豆种植大省，种植面积和产量占全国一半以上，但其也是大豆消耗大省，作为农业产业化国家级重点龙头企业的黑龙江九三油脂有限责任公司，每年都需要大量进口大豆以弥补国产大豆缺口。作为非转基因品种，俄罗斯大豆油深受中国消费者青睐。但由于资金和回运的限制，黑龙江省对俄农业合作企业种植的大豆在品种、产量和加工等方面都存在严重的短板。建议设立黑龙江省境外大豆种植扶持专项基金，制定具体的项目扶持和实施细则，确保对俄大豆投资合作从选种、种植、收成、加工到回运的每个环节都有充足的资金支持，推动合作向良种化、集约化、现代化、产运销一体化转变，把黑龙江省打造成为中国俄豆境外种植、进口及加工基地。①

十　建立双边长期开展农业产业化合作的模式

（一）对俄农业贸易产业模式

对俄农业贸易产业模式是中俄在农业领域的传统合作模式。在此模式下，中俄两国相互进出口的农产品品种较为丰富多样，供给量较大。但是，由于中俄两国农业产业链存在一定的不足，两国农产品生产机械化程度不高、农户生产力较低、农业生产技术较落后，还有农业生产工序缺乏固定的规范标准，最终导致两国农产品质量较低，农产品附加值难以提高。

（二）中俄跨境农场合作模式

中俄跨境农场合作模式是最大限度地发挥中俄农业生产要素互补性优势中国企业在俄罗斯境内建立的跨境农场的作用，以寻求中俄在农业领域的互利双赢合作。该模式是中国在开展对外国际农业合作方面的成功实践，其对中国降低对农产品进口贸易依赖度将发挥较为重要的作用。中俄跨境农场充分激发双方农业生产要素的集聚优势，联合种植大豆，将有助于保障中国自俄罗斯进口大豆的有机高品质，从而满足中国老百姓对高质量农产品的需求，渐渐扭转俄罗斯大豆价格的负面效应，以推动俄罗斯不断提高优质大豆的产量。②

（三）中俄农业全产业链合作模式

中俄农业全产业链合作模式是指建立俄罗斯粮食生产、采购、加工、储运、销售等全产业链合作体系。2018 年 11 月 7 日，在上海国丰酒店隆重举行了中俄粮食走廊——加工及转口贸易项目签约仪式。"中俄粮食走廊"项目是最近几年来中俄双边农业合作中一个最重要的合作项目，借助辽宁自由贸易试验区营口片区这个开放平台与俄罗斯开展在粮食等领域的全方位合

---

① 任继红：《推进黑龙江省对俄农业合作高质量发展对策研究》，《商业经济》2019 年第 5 期。
② 张梦萱、匡紫瑶：《降低农产品贸易进口依赖度对策研究——以跨境农场新型合作模式为例》，《中国市场》2019 年第 6 期。

作，实现互利共赢。根据协议，中欧创新科技（营口）有限公司每年为相
益食品股份有限公司供应从俄罗斯进口的非转基因玉米 30 万吨，以后逐年
递增，5 年内将增加到 300 万吨，用于相益食品股份有限公司的加工和转口
贸易。该项目将把辽宁自贸区营口片区作为总部基地，打造俄罗斯粮食生
产、采购、储运、加工、销售中心，计划每年在俄罗斯合作生产 2000 万吨
粮食，出口至中国或转口至其他国家销售。该项目不仅有助于扩大中俄双边
经贸合作，也将助推辽宁自贸区营口片区完成国家赋予的战略任务——成为
区域性国际物流中心和国际海铁联运大通道的重要枢纽。[①]

（四）构建中俄区域间农业点轴开发合作模式

1. 点轴开发合作模式的理论基础

点轴开发理论（点轴理论）最早由波兰经济学家萨伦巴和马利士提出。
点轴开发合作模式是增长极理论的延伸，从区域经济发展的过程看，经济中
心总是首先集中在少数条件较好的区位，成斑点状分布。这种经济中心既可
称为区域增长极，也是点轴开发合作模式的点。随着经济的发展，经济中心
逐渐增加，点与点之间，由于生产要素交换需要交通线路以及动力供应线、
水源供应线等，相互连接起来就是轴线。这种轴线首先是为区域增长极服务
的，但轴线一经形成，对人口、产业也具有吸引力，吸引人口、产业向轴线
两侧集聚，并产生新的增长点。点轴贯通，就形成点轴系统。因此，点轴开
发可以理解为从发达区域大大小小的经济中心（点）沿交通线路向不发达
区域纵深地发展推移。

点轴开发合作模式是从增长极模式发展起来的一种区域开发模式。法国
经济学家佩鲁把产业部门集中而优先增长的先发地区称为增长极。在一个广
大的地域内，增长极只能是区域内各种条件优越、具有区位优势的少数地
点。一个增长极一经形成，它就要吸纳周围的生产要素，使本身日益壮大，
并使周围的区域成为极化区域。当这种极化作用达到一定程度，并且增长极
已扩张到足够强大时，会产生向周围地区的扩散作用，将生产要素扩散到周
围的区域，从而带动周围区域的增长。增长极的形成关键取决于推动型产业

---

① 《中俄粮食走廊项目将迈入一体化发展》，《国际商报》2018 年 11 月 20 日。

的形成。推动型产业现在一般又称为主导产业，是一个区域内起方向性、支配性作用的产业。一旦地区的主导产业形成，源于产业之间的自然联系，必然会形成在主导产业周围的前向联系产业、后向联系产业和旁侧联系产业，从而形成乘数效应。

点轴开发合作模式是增长极模式的扩展。由于增长极数量增多，增长极之间也出现了相互联结的交通线，这样，两个增长极及其中间的交通线就具有了高于增长极的功能，理论上被称为发展轴。发展轴应当具有增长极的所有特点，而且比增长极的作用范围更大。

点轴开发理论是在经济发展过程中采取空间线性推进方式，它是增长极理论聚点突破与梯度转移理论线性推进的完美结合。

2. 形成和实施中俄区域间农业点轴开发合作模式

在中俄东部毗邻地区区域间经济合作区，应着力实施点轴合作开发模式，以中俄东部沿边对应的口岸城市形成的线状基础设施为轴线，重点发展轴线地带的若干个点，即口岸城市。在中俄东部沿边地带形成"双点轴合作开发"格局，并加以实施。

随着开发活动的逐步推进和经济发展水平的提高，经济开发会由高等级点轴向低等级点轴延伸，通过政策引导促使产业实现梯度转移，产生辐射和拉动效应，使区域经济进入新的发展阶段，继续保持较快增长，实现区域的共同协调发展。

（五）构建中俄区域间网状农业合作模式

1. 网状经济合作模式的内涵

随着中俄东部毗邻地区经济合作的不断发展，迫切需要"打破多年来中俄区域经济合作一直以货物贸易为主的局限，促进双方的合作向技术贸易和产业合作的更高层次的发展，从而带来生产资源的有效配置和生产效率的提高"[1]。全方位、多层次、宽领域的网状经济合作模式是极具潜力的一种选择。所谓网状经济合作模式，主要是指中国东北与俄罗斯东部地区在继续扩大货物贸易的基础上，积极开展木材、能源、机电、农副产品加工等生产

---

① 郭力：《中俄区域合作的"伞"型模式》，《俄罗斯中亚东欧研究》2007年第3期。

领域的纵向合作。同时，通过开展金融、技术、交通、物流、劳务和文化等活动，横向地使各生产领域联系起来。纵向与横向合作纵横交错，形成覆盖两个地区各个行业的网络，从而使生产要素加快流动，达到资源的最佳优化配置，最终实现双方利益的最大化。①

2. 网状农业合作模式的可行性和必要性

中俄东部毗邻地区振兴战略与开发政策的实施为区域间网状农业合作模式的构建提供了难得的机遇和政策保障。双方的生产要素禀赋互补性强为其奠定了良好的基础，巨大的经济技术合作潜力为其提供了经济支撑。因此，中俄区域间网状农业合作模式具有现实可行性。

在中俄区域间网状农业合作模式下，双方的资金往来、国际结算、交通运输将十分便捷，有利于双方货物贸易的顺利进行。中俄区域间网状农业合作模式能够促进双方的农业合作向更深层次发展，推进双方的农业经济向规模化、集团化方向发展，从而提高企业的竞争力和抗风险能力。

十一 规划利用好"滨海1号"和"滨海2号"国际跨境运输通道②

规划利用好"滨海1号"和"滨海2号"国际跨境运输通道对于中俄开展粮食安全领域合作具有重要现实意义。建设"滨海1号"和"滨海2号"国际跨境运输走廊是发挥中国、俄罗斯远东地区和蒙古国跨境运输潜力的一个最为重要的手段。"滨海1号"国际跨境运输走廊（以下简称"滨海1号"）的规划路线：哈尔滨—牡丹江—绥芬河/波格拉尼奇内、绥芬河/格罗捷阔沃、东宁/波尔塔夫卡—乌苏里斯克—符拉迪沃斯托克/东方港/纳霍德卡海上航线（中国东南沿海港口）；"滨海2号"国际跨境运输走廊（以下简称"滨海2号"）的规划路线：长春—吉林—珲春/克拉斯基诺、珲春/马哈林诺（卡梅绍娃雅）—扎鲁比诺港海上航线（中国东南沿海港口）。

① 曹英伟、张淑华：《中国东北与俄罗斯远东西伯利亚地区网型合作模式可行性分析》，《辽宁大学学报》（社会科学版）2010年第4期。
② 姜振军：《中俄蒙共同建设国际跨境运输走廊问题研究》，《北方经济》2019年第6期。

（一）"滨海1号"沿线站点现状与规划建设

1. 多向公路口岸—波格拉尼奇内

位于"滨海1号"主要方向上俄罗斯滨海边疆区波格拉尼奇内村与中国黑龙江省绥芬河市之间。地址：滨海边疆区 A－184 号公路 7 公里处。

在该公路口岸内设有 6 条汽车运输工具通道：4 条货物汽车运输通道，2 条客车通道。每昼夜设计（实际）过货能力：130（86）辆货车，44（60）辆客车，2500（3000）人次旅客。装卸平均毛重为 12 吨的 20 英尺集装箱。受理 12 吨货车的过货能力：130 辆货车/天 × 12 吨 × 265 天 ＝0.006 亿吨货物/年。

目前，该公路口岸的过货能力为每年约 0.005 亿吨，机动过货能力为 0.001 亿吨。货车经过中俄国界免费。

未来波格拉尼奇内公路口岸将进行扩建，通行能力每昼夜为 1300 辆汽车，包括 500 辆货车、200 辆客车、600 辆轿车。将分别开设 5 个进出通道，18 个旅客查验窗口。工作时间：每昼夜 24 小时，其中 1 小时为技术维护时段。工作人员总数为 283 人，换班人数为 240 人。受理 12 吨货车的过货能力：500 辆货车/天 × 12 吨 × 265 天 ＝0.022 亿吨货物/年。

2. 双向公路口岸—波尔塔夫卡

波尔塔夫卡双向公路口岸位于"滨海1号"沿线上，承担辅助功能，弥补波格拉尼奇内公路口岸客运通行能力不足的问题。地址：滨海边疆区十月区"波尔塔夫卡—扎斯塔瓦"公路 6 公里处。

该公路口岸设有 7 条汽车运输工具通道：4 条俄罗斯联邦入境通道（1 条客运通道，3 条货运通道），3 条自俄罗斯联邦出境通道（1 条客运通道，2 条货运通道）。

每昼夜设计（实际）过货能力：200（200）辆货车，72（72）辆客车，2500（2500）人次旅客。装卸平均毛重为 12 吨的 20 英尺集装箱。受理 12 吨货车的过货能力：200 辆货车/天 × 12 吨 × 365 天 ＝0.009 亿吨货物/年。

目前，该公路口岸的过货能力为每年约 0.006 亿吨，机动过货能力为 0.003 亿吨。经过中俄国界的每辆货车须缴纳 3000 卢布。

未来波尔塔夫卡公路口岸附属设施将进行扩建，依靠私人投资修建一座跨格拉尼特纳亚河的桥梁，以缓解现有桥梁无法满足需要的状况。

3. 格罗捷阔沃火车站和波格拉尼奇内铁路口岸

俄罗斯远东铁路的格罗捷阔沃火车站位于滨海边疆区波格拉尼奇内区"滨海1号"沿线上。货车经过中俄国界免费。

未来在俄罗斯联邦铁路股份有限公司的投资规划框架内依靠自有资金，格罗捷阔沃火车站货运综合体（包括装卸机器停放区、7100平方米临时仓储库、362平方米的查扣货物存放2号库、1160平方米的日常行政办公楼、集装箱站场等）将进行扩建，以提高过货能力。

4. 格斯格拉尼察—格罗捷阔沃—纳霍德卡铁路线

这条铁路线包括格罗捷阔沃火车站与乌苏里斯克火车站之间的区段和乌苏里斯克火车站与纳霍德卡火车站之间的区段。乌苏里斯克—波格拉尼奇内—格斯格拉尼察之间的区级公路总长度为112.34公里。符拉迪沃斯托克—纳霍德卡—东方港之间的区级公路总长度为143.15公里。

专家估计，从中俄边界线到符拉迪沃斯托克、纳霍德卡、东方港等海港公路的货物运输能力每年约0.126亿吨。最大额外货运量每年为0.002亿~0.003亿吨。

按照俄罗斯联邦法律，在上述铁路线运输货物须依照俄罗斯铁路股份有限公司的国际跨境运费和相关税费标准缴纳费用。从中俄边界线到符拉迪沃斯托克、纳霍德卡、东方港等海港公路的货运免费，符拉迪沃斯托克—纳霍德卡—东方港之间的新建公路可能收取运输工具通行费。

未来这条铁路线将进行扩建，主要项目有斯莫利亚尼诺沃—纳霍德卡区段的铁路基础设施改造，完善纳霍德卡—东方港和乌苏里斯克火车站设施，改造有关区段的公路。

5. 符拉迪沃斯托克港

符拉迪沃斯托克港位于日本海西北岸，金角湾岸边。年货物吞吐量为0.2127亿吨，其中干货品为0.18037亿吨（包括集装箱货物0.07272亿吨或72.72万个标准集装箱）。散装货占35.1%，集装箱占64.9%。每年的机动散货装卸量为0.0197亿吨，集装箱为0.0255亿吨。

货主按照港口规定的税费标准缴纳费用。每个20英尺过境运输集装箱转运费为250美元＋3000卢布（过境手续费）。

6. 东方港

东方港位于滨海边疆区，弗兰格尔湾，日本海岸。

年货物吞吐量为0.6339亿吨，其中液体货物为0.313亿吨，干货为0.32091亿吨（包括集装箱0.0579亿吨或57.9万个标准集装箱）。散装货占32.18%，集装箱占67.82%。机动集装箱转运能力为每年0.0186亿吨。

货主按照港口规定的税费标准缴纳费用。每个20英尺过境运输集装箱转运费为250美元＋3000卢布（过境手续费）。

7. 纳霍德卡港

纳霍德卡港位于滨海边疆区，日本海西北海岸。

年货物吞吐量为0.29025亿吨，其中液体货物为0.0786亿吨，干货为0.21165亿吨（包括集装箱0.00255亿吨或2.55万个标准集装箱）。散装货占66.2%，集装箱为0.0001亿吨。机动集装箱转运能力为每年0.05096亿吨。

货主按照港口规定的税费标准缴纳费用。每个20英尺过境运输集装箱转运费为250美元＋3000卢布（过境手续费）。

（二）"滨海2号"沿线站点现状与规划建设

1. 克拉斯基诺多向公路口岸

克拉斯基诺多向公路口岸位于"滨海2号"沿线，俄罗斯联邦滨海边疆区克拉斯基诺村与中国吉林省珲春市之间，是俄罗斯唯一对应吉林省的口岸。

该口岸设有4条汽车运输工具通道，货运方向为入出境俄罗斯联邦方向，客运方向为入出境俄罗斯联邦方向。

每昼夜设计（实际）过货能力：受理48（52）辆货车，40（48）辆客车，1440（1700）人次旅客。

受理12吨货车的过货能力：52辆货车/天×12吨×265天＝0.002亿吨货物/年。货车经过中俄国界免费。

未来进行扩建改造后，新的克拉斯基诺公路口岸通行能力：每昼夜250

辆汽车，其中 150 辆货车，50 辆客车，50 辆轿车。

该口岸将设有进出各 5 条通道，10 个证件查验窗口。工作时间：每昼夜 24 小时，其中 1 小时为技术维护时段。工作人员总人数为 280 人，替班人数为 160 人。

受理 12 吨货车的过货能力：150 辆货车/天 × 12 吨 × 365 天 = 0.0066 亿吨货物/年。

2. 马哈林诺火车站（铁路口岸）

远东铁路马哈林诺火车站位于"滨海 2 号"沿线。离中国最近的火车站为珲春火车站。

经马哈林诺火车站过中俄国界免费。按照俄罗斯联邦法律，运输货物须依照俄罗斯铁路股份有限公司的国际跨境运费和相关税费标准缴纳费用。

为了提高"滨海 2 号"发展项目管理效率，必须对珲春—马哈林诺—扎鲁比诺铁路线建设进行综合经济技术可行性论证。

3. 从中俄边界到扎鲁比诺港的公路

从中俄边界到扎鲁比诺港的公路主要包括滨海边疆区级公路：拉兹多里诺耶—哈桑—扎鲁比诺（总长度为 10.91 公里）、拉兹多里诺耶—哈桑（在 140～170 公里区段）、克拉斯基诺—格斯格拉尼察（总长度为 25.66 公里）。

目前，从克拉斯基诺—扎鲁比诺沿中俄国界线的现有公路的通行能力为每昼夜 2000～6000 辆次。

（三）中蒙俄共建"滨海1号"和"滨海2号"的路径

1. 中蒙俄共建"滨海 1 号"和"滨海 2 号"的规划路线

中蒙俄共建"滨海 1 号"和"滨海 2 号"国际跨境运输走廊，以实现三国交通基础设施互联互通，进一步完善中蒙俄经济走廊，连通三国沿线地区，促进经济社会发展。

现规划 5 条中蒙俄共建"滨海 1 号"和"滨海 2 号"线路如下。

第一条：哈尔滨—长春—沈阳—北京—张家口—乌兰察布—二连浩特—乌兰巴托—苏赫巴托尔—乌兰乌德（与西伯利亚大铁路交会）—欧

俄—欧洲。

乌兰察布站向南经大同辐射中原地区，向东经张家口连通京津冀，向西连接呼和浩特、包头、巴彦淖尔，辐射西部地区。在长春实现"滨海1号"和"滨海2号"在中国境内的连通。

第二条：哈尔滨—大庆—齐齐哈尔—满洲里—欧俄—欧洲。

第三条：哈尔滨—黑河—布拉戈维申斯克—雅库次克—勒拿河—北极航道。

第四条：哈尔滨—佳木斯—同江—下列宁斯阔耶—西伯利亚大铁路—欧洲。

第五条：哈尔滨—石家庄—郑州—西安—兰州—乌鲁木齐—中亚—俄罗斯—欧洲。

中蒙俄加强"滨海1号"和"滨海2号"共同建设，畅通三国跨国陆港通道。不断完善牡丹江、绥芬河与俄罗斯远东地区港口的中俄跨境陆港通道，加大宣传推广"中俄中"（双向）、"中俄外"（双向）运输模式的力度。"中俄中"（双向）运输模式是指从牡丹江或绥芬河将国内货物运到俄罗斯符拉迪沃斯托克，再运至中国东南沿海地区的运输方式，反向亦然。"中俄外"（双向）运输模式是指将东北亚地区国家或美洲的货物运到俄罗斯符拉迪沃斯托克，再运至牡丹江或绥芬河的运输方式，反向亦然。牡丹江的物流企业正在开展"中俄中"（双向）货物运输业务，即将中国东北地区发往东南沿海地区的商品运至俄罗斯远东地区港口符拉迪沃斯托克，然后运到目的地，反之亦然。待条件成熟时，将来可以开展"中俄外"（双向）运输模式，既节约时间，又节约成本。[1]

中蒙俄"滨海1号"和"滨海2号"线路畅通后，以上两种运输模式可以延展至蒙古国和俄罗斯中西部及欧洲，形成双向国际跨境运输走廊，沿线地区相互协作，实现互利共赢。中蒙俄经济走廊将形成物流带、产业带和开放带"三带合一"的大开放、大贸易的新格局，推动中国东北地区、俄

① 姜振军：《中俄共同建设"一带一路"与双边经贸合作研究》，《俄罗斯东欧中亚研究》2015年第4期。

罗斯远东地区与蒙古国和俄罗斯经济的大发展。

2. 充分利用中蒙俄毗邻地区的地缘优势和保障政策

中蒙俄毗邻地区优越的客观地缘优势为三国开展跨区域经济合作创造了便捷条件。中蒙俄地方合作交流具有较强的政策保障。中国实施区域协调发展战略，加快东北等老工业基地振兴步伐，俄罗斯将远东地区发展纳入国家发展战略，蒙古国实施"草原之路"计划。

三国地方区域合作机制较为完备高效，尤其是中俄政府一直对两国东部毗邻地区通过互动合作来实现共同振兴与开发给予大力扶持，支持中国企业参与俄罗斯远东和东西伯利亚地区经济开发，积极参与远东地区超前经济社会发展区的投资和符拉迪沃斯托克自由港的建设，鼓励俄罗斯企业参与中国西部大开发和东北老工业基地振兴。中国东北地区和俄罗斯远东及贝加尔地区政府间合作委员会、中国东北地区和俄罗斯远东及贝加尔地区合作理事会、中俄地方领导人对话会等区域合作机制在推动两国东部毗邻地区合作方面发挥着协调和引导作用。2018 年和 2019 年是中俄地方合作交流年，为双方在远东地区的合作拓展了更加广阔的空间，指明了合作方向。在中俄总理第 23 次定期会晤期间正式批准的《中俄在俄罗斯远东地区合作发展规划（2018—2024 年）》推介在俄罗斯远东地区开展中俄经贸合作的 7 个优先领域，包括天然气与石油化工业、固体矿产、运输与物流、农业、林业、水产养殖和旅游；详细介绍了俄罗斯远东地区中俄战略合作项目和基础设施项目；全面阐释了俄罗斯远东地区中俄经贸合作的发展机制。2018 年 11 月，中俄双方签署的《中国东北地区和俄罗斯远东及贝加尔地区农业发展规划》进一步加强了中俄两国在大豆种植和销售、农产品加工、仓储物流等领域的合作，推动中俄两国农业合作再上新台阶。

中蒙俄毗邻地区经济振兴与开发战略的实施，一方面依靠国内的投资和企业参与，另一方面需要开展区域间经济合作，努力实现区域经济一体化，逐步形成中央和地方政府协调推进、企业落实执行多层次区域协调机制，从而确保中俄地区合作计划得以有效实施。

3. 发挥中蒙俄毗邻地区合作成果的示范效应

中俄、中蒙、俄蒙毗邻地区合作成果较为显著，三方应发挥其示范效应，推动三边合作取得更大进展。

以中俄区域合作为例。中国已经成为俄罗斯远东地区第一大贸易伙伴国和第一大外资来源国。2018年，中国与俄罗斯远东联邦区贸易额超过97亿美元，同比增长约30%。中方参与远东地区经济社会超前发展区和自由港项目30余个，规划投资超过40亿美元。中方已设立首期100亿、总规模1000亿人民币的中俄地区合作发展投资基金，推进重大项目落地，将其打造成为中俄地区合作的重要平台。随着中俄原油管道、东线天然气管道、同江铁路桥、黑河公路桥等一批大项目的顺利实施，中俄区域合作将实现跨越式发展。

2018年9月11~13日，中共黑龙江省委书记、省人大常委会主任张庆伟率团对俄罗斯进行工作访问。在中俄地方领导人对话会上，张庆伟指出，今后要探索创新中俄地方合作载体方式，持续改善中俄地方合作营商环境，切实筑牢中俄地方合作人文基础，推动两国各省州交流合作向更高水平发展。从未来发展前景看，中俄东部毗邻地区在能源、农业、林业、旅游、矿藏勘探与开采、基础设施连通、跨境经济合作区与自由贸易区建设等领域的合作将得到进一步提升，推动两国签署东宁界河公路大桥政府间协定、完善口岸基础设施建设、优化口岸通关环境等工作也将取得更大的进展。

中俄区域合作已经成为并将继续成为双边合作的重要组成部分和坚实支撑基础。中俄东部毗邻地区加强区域经济合作，对于提升两国在东北亚乃至亚太地区的影响力将发挥重要作用。

4. 将中蒙俄毗邻地区互补的要素禀赋和产业结构转化为"滨海1号"和"滨海2号"国际跨境运输走廊的货物来源

中国东北地区、蒙古国、俄罗斯远东和东西伯利亚地区在自然资源、人力资源、资金和技术等要素禀赋以及产业结构方面存在差异，但各有优势，互补性较强。这是三国毗邻地区开展经济贸易合作的重要基础。中蒙俄毗邻地区的经济合作，尤其是中俄两国间的经济合作形式日益多样化，由最初单一的易货贸易，逐步发展到目前的边民互市贸易、边境小额贸易、一般贸易和投资合作等多种方式，形成了以边境小额贸易为主、一般贸易快速发展、其他贸易为补充和加工贸易、跨境电商合作新格局，将三国互补的要素禀赋和产业结构转化为"滨海1号"和"滨海2号"国际跨境物流通道的货物来源，为双方或三方开展经济合作创造了较为良好的客观条件。

十二 不断完善粮食安全应急预警系统

不断完善中国粮食安全应急预警工作，必须"及时准确地判断和预测我国粮食供需平衡状况，及时向政府决策部门预报，以便政府采取相应的政策措施"①。建立完善的全国性粮食安全应急预警系统，应解决3个核心问题，即建立权责明确的粮食安全预警组织机构、确立有效的粮食安全预警信息采集方法和标准、构建规范的运作程序，以传递粮食安全预警信息。②

目前，中国已经初步建立了农产品市场监测和预警组织系统，其中，中国农业部负责农产品市场监测预警工作，海关总署负责进出口监测预警工作，国家粮食局和国家统计局负责粮油市场信息和农业综合信息的收集、整理和发布等工作。但中国仍然缺乏相关信息资源有效共享机制、及时信息发布机制，欠缺信息整理、收集、处理、分析等方面的能力。中国大部分地方政府出台了与本地区相应的粮食应急预案，对本地区的粮食安全预警起到了积极作用，但缺乏从宏观上对国家粮食安全预警的把握，③因此，"构建一套适合于国际国内新形势需要的农产品市场监测和预警系统。这既是维护国内市场稳定、保障国家粮食安全、保护国内小农户利益的需要，也是承担大国责任、维护国际农产品市场稳定的需要"④。

要加强中国粮食安全应急预警系统建设和完善，强化监督和管理，增强应对粮食领域突发事态的能力，以保障国家粮食安全。

---

① 杨志民、刘广利：《不确定性支持向量机——算法及应用》，科学出版社，2012，第239页。
② 肖顺武：《刍议完善我国粮食安全预警机制的三个核心问题》，《改革与战略》2010年第10期。
③ 曾志华：《我国粮食安全政府监管水平的提升对策》，《广西警察学院学报》2018年第6期。
④ 翟虎渠等：《中国粮食安全国家战略研究》，中国农业科学技术出版社，2011，第338页。

十三　积极开展粮食国际贸易与合作

积极开展粮食国际贸易与合作是保障国家粮食的一个重要途径，这可以使国内粮食来源渠道多元化，成为粮食供给的一个重要补充。

中国应积极开展粮食国际贸易与合作。一方面，着力开展粮食国际合作，培育国际大粮商，支持实力雄厚的中国粮食企业"走出去"，以"一带一路"沿线国家和地区为重点，建立"境外粮仓"，即粮油生产基地，完善加工、仓储和物流设施，与当地实现优势互补，实现合作共赢。[①] 另一方面，加大开展粮食国际贸易的力度，不断优化粮食进口来源、渠道和结构，使其日益多元化。

在进口粮食的同时，中国也与世界其他国家互通有无，向国际市场出口粮食。从近几年来看，中国粮食出口的年平均复合增长率约为 3.61%。2013 年中国出口粮食量为 243 万吨，同比下降约 10.1%。2014 年为 211 万吨，同比下降约 13.2%。2015 年为 164 万吨，同比下降约 22.3%。2016 年为 190 万吨，同比增长约 15.9%。2017 年为 280 万吨，同比增长约 47.4%。2018 年 1～4 月为 103 万吨，同比增长约 59.7%。[②]

[①] 张务锋：《着力提高国家粮食和物资储备安全保障水平》，《经济日报》2018 年 12 月 20 日。

[②] 智研咨询集团：《2019～2025 年中国粮食行业市场竞争态势及投资战略咨询研究报告》，中国产业信息网，http://www.chyxx.com/research/201806/649809.html。

结　论

我们采用文献研究法、调查的方法、定性分析法以及实证研究法等研究方法，通过对中俄两国粮食安全程度、面临的种种威胁和挑战的阐述，中俄各自保障粮食安全采取的政策和措施的分析，从两国农业生产要素禀赋的异同入手，探究中俄共同确保粮食安全的农业产业化合作路径，最终提出构建中俄两国共同确保粮食安全的长效合作机制。中俄两国共同保障粮食安全既有必要性，又有可行性。

一　中俄两国粮食安全保障状况"稳"中有"忧"

中俄粮食安全形势良好，主要体现在两国的年人均粮食占有指数大多接近或超过通常的国际安全阈值。不过，中俄粮食安全面临诸多内外部不利因素的影响和威胁。只是在不出现极端的不可抗力的情况下，中俄粮食安全保障状况才不会发生重大的变化，会基本处于安全可控的范围之内。

当前中国粮食安全形势总体是好的，粮食综合生产能力稳步提高，食物供给日益丰富，供需基本平衡。但中国人口众多，对粮食的需求量大，粮食安全的基础比较脆弱。未来中国粮食消费需求将呈刚性增长，粮食的供需将长期处于紧平衡的状态，即稳中有忧，因此，保障国家粮食安全面临严峻的挑战。①

① 《国家粮食安全中长期规划纲要（2008—2020 年）》，http：//www. gov. cn/jrzg/2008 – 11/13/content_ 1148414. htm。

二 中俄共同确保粮食安全具有良好的现实基础和条件

中俄保障粮食安全具有地缘区位优势、要素禀赋互补、长期稳定的双边农业合作基础、两国政府高度重视、坚实的双边政治关系、稳步发展的双边经贸合作等良好的现实基础和条件，有利于中俄两国开展农业产业化合作以共同保障各自国家粮食安全。

三 中俄通过农业产业化合作路径共同确保粮食安全具有现实可行性

农业产业化是以市场为导向，以经济效益为中心，以主导产业、产品为重点，优化组合各种生产要素，实行区域化布局、专业化生产、规模化建设、系列化加工、社会化服务、企业化管理，形成种养加、产供销、贸工农、农工商、农科教一体化经营体系，使农业走上自我发展、自我积累、自我约束、自我调节的良性发展轨道的现代化经营方式和产业组织形式。

中俄共同保障粮食安全的农业产业化合作路径包括市场化与一体化、区域化与规模化、专业化与集约化、企业化与社会化，以及构建长效合作机制等，对于两国深入开展农业产业化合作以共同保障国家粮食安全是行之有效的重要举措。这是对以往单纯依靠两国开展农业合作观点的一个重大突破，又是两国当下及未来农业合作的重要的行之有效的方式。

四 中俄共同确保粮食安全应构建长效合作机制

为确保国家粮食安全，在以往合作经验的基础上，中俄两国通过协商采取较为行之有效的措施开展广泛的农业产业化合作，逐步构建中俄共同保障粮食安全的长效合作机制。

我们提出构建中俄共同确保粮食安全的长效合作机制，包括中俄共同保障粮食安全的合作安全机制、中俄共同保障粮食安全的多层次定期磋商机制、中俄政府形成给予双方开展农业产业化合作相应的扶持政策和资金支持机制。这是对现有两国合作机制的一个重要补充。

构建中俄共同保障粮食安全的合作安全机制，中国主张把共同合作安全模式作为实现国家安全的机制，就能有效地保证世界的安全，从而确保国家安全。中俄具有相同或相近的国家安全观，在此基础上构建中俄共同保障粮食安全的合作安全机制，对于两国共同保障粮食安全将发挥重要作用。

构建中俄共同保障粮食安全的多层次定期磋商机制，中俄总理定期会晤机制及其下设各领域分委会为中俄全面合作进行顶层设计，对于不断深化双边全方位合作具有重要指导作用。在区域合作层面，在中俄两国发展理念高度契合的基础上，双方建立了"东北—远东"和"长江—伏尔加河"两大地方区域性合作机制。中俄之间业已形成多层次定期磋商机制，再加上2018～2019年为中俄地方合作交流年，为中俄共同保障粮食安全合作创造了良好条件。

构建中俄政府给予双方开展农业产业化合作相应的扶持政策和资金支持机制。一是各级财政扶持资金向对俄农业合作倾斜，给予对俄农业大项目、土地租赁、农机购置补贴、自用农机具出口及维修、农产品回运等方面进行政策和资金扶持。二是出台金融扶持及补贴政策。支持各类商业银行开发扶持对外农业合作金融产品，为其发展提供资金支持。对省内境外农业企业实行国民待遇。农业补贴享受省里的相关政策（境内境外一视同仁），扩大农业对外投资险种和保险范围，对全产业链实施投资与管理，实现产业全面升级，探索解决对俄合作企业融资难问题。三是设立境外大豆种植扶持专项基金。作为非转基因品种，俄罗斯大豆油深受中国消费者青睐。建议设立黑龙江省境外大豆种植扶持专项基金，制定具体的扶持项目和实施细则，确保对俄大豆投资合作从选种、种植、收成、加工到回运的每个环节都有充足的资金支持，推动合作向良种化、集约化、现代化、产运销一体化转变，把黑龙江省打造成为中国俄豆境外种植、进口及加工基地。

五　中俄建立国家多级粮食储备主体体系

在世界粮食安全比较严峻的背景下，一方面需要满足中国居民对粮食及其食品的正常需求，另一方面必须在国家粮食战略储备、粮食市场调控等重点方向上不断提高国家粮食安全的保障能力。中俄需要建立并完善"藏粮于地""藏粮于民""藏粮于技"的国家多级粮食储备主体体系，以保障农业耕地的可持续生产能力，不断增强国家粮食仓储的整体技术和储备能力。

六 建立双边长期开展农业产业化合作的模式

中俄农业合作积累了较为丰富的经验，我们概括出双边长期开展农业产业化合作的模式：对俄农业贸易产业模式、跨境农场合作模式、农业全产业链合作模式、区域间农业点轴开发合作模式、区域间网状农业合作模式。

对俄农业贸易产业模式 是中俄在农业领域的传统合作模式。在此模式下，中俄两国相互进出口的农产品品种较为丰富多样，供给量较大。但是，由于中俄两国农业产业链存在一定的不足，导致两国农产品质量较低，农产品附加值难以提高。

中俄跨境农场合作模式 是最大限度地发挥中俄农业生产要素互补性优势中国企业在俄罗斯境内建立的跨境农场的作用，以寻求中俄在农业领域的互利双赢合作。中俄跨境农场充分激发双方农业生产要素的集聚优势，联合种植大豆，将有助于保障中国自俄罗斯进口大豆的有机高品质，从而满足中国老百姓对高质量农产品的需求，渐渐扭转俄罗斯大豆价格的负面效应，以推动俄罗斯不断提高优质大豆的产量。[1]

中俄农业全产业链合作模式 是指建立俄罗斯粮食生产、采购、加工、储运、销售等全产业链合作体系。该项目将把辽宁自贸区营口片区作为总部基地，打造俄罗斯粮食生产、采购、储运、加工、销售中心。计划每年在俄罗斯合作生产 2000 万吨粮食，出口至中国或转口至其他国家销售。该项目不仅有助于扩大中俄双边经贸合作，也将助推辽宁自贸区营口片区完成国家赋予的战略任务——成为区域性国际物流中心和国际海铁联运大通道的重要枢纽。

中俄区域间农业点轴开发合作模式 是在中俄东部毗邻地区区域间经济合作区着力实施的农业开发合作模式。以中俄东部沿边对应的口岸城市形成的线状基础设施为轴线，重点发展轴线地带的若干个点，即口岸城市。在中俄东部沿边地带形成"双点轴开发合作"格局，并加以实施。随着开发活

---

① 张梦萱、匡紫瑶：《降低农产品贸易进口依赖度对策研究——以跨境农场新型合作模式为例》，《中国市场》2019 年第 6 期。

动的逐步推进和经济发展水平的提高，经济开发会由高等级点轴向低等级点轴延伸，通过政策引导促使产业实现梯度转移，产生辐射和拉动效应，使区域经济进入新的发展阶段，继续保持较快增长，实现区域的共同协调发展。

中俄区域间网状农业合作模式 是在中俄东部毗邻地区振兴战略与开发政策的实施背景下，两国毗邻地区充分利用这一难得的政策机遇保障，以双方的生产要素禀赋互补性强为良好基础，以双方巨大的经济技术合作潜力为两国农业产业化合作的重要支撑，通过纵向与横向合作纵横交错，形成覆盖两个地区相关行业的网络，从而使生产要素加快流动，达到资源的最佳优化配置，最终实现双方利益的最大化，从而构建两国区域间网状农业合作模式。在中俄区域间网状农业合作模式下，双方的资金往来、国际结算、交通运输将十分便捷，有利于双方货物贸易的顺利进行。该模式能够促进双方的经济合作，尤其是农业产业化合作向更深层次发展，推进双方的经济向规模化、集团化方向发展，从而提高企业的竞争力和抗风险能力。

参考文献

1. 《国家粮食安全中长期规划纲要（2008—2020 年）》，http：//www. gov. cn/jrzg/2008 –11/13/content_ 1148414. htm。

2. 〔俄〕奥奇尔扎波娃·亚历山大、霍灵光：《中俄主要农作物生产比较优势分析》，《东北亚经济研究》2019 年第 4 期。

3. 曾志华：《我国粮食安全政府监管水平的提升对策》，《广西警察学院学报》2018 年第 6 期。

4. 常文瑄：《中国东北地区对俄农业贸易产业模式研究》，《海峡科技与产业》2019 年第 3 期。

5. 崔丽莹：《中俄农业合作的条件与方向》，《俄罗斯中亚东欧市场》2012 年第 1 期。

6. 崔欣：《中俄农产品贸易合作影响因素研究》，硕士学位论文，东北林业大学，2017。

7. 崔一浩：《中俄农业可持续安全研究》，硕士学位论文，辽宁大学，2017。

8. 郭鸿鹏、吴頔：《"一带一盟"视阈下中俄农业合作发展研究》，《东北亚论坛》2018 年第 5 期。

9. 董琳琳：《中国东北与俄罗斯远东农业合作问题的思考》，《广西质量监督导报》2019 年第 7 期。

10. 郭晓琼：《"新常态"下中俄经贸合作的新进展及新思路》，《俄罗斯学刊》2017 年第 5 期。

11. 季艳玲：《黑龙江省对俄农业合作问题研究》，硕士学位论文，黑龙江大学，2017。

12. 姜振军：《俄罗斯国家粮食安全状况及其保障措施分析》，《俄罗斯东欧中亚研究》2017 年第 5 期。

13. 姜振军：《俄罗斯经济"向东看"与中俄经贸合作》，《欧亚经济》2015年第 1 期。

14. 姜振军：《加快推进黑龙江省对俄电子商务合作的对策研究》，《知与行》2016 年第 2 期。

15. 姜振军：《中俄共同保障粮食安全的路径选择》，《中国社会科学报》2012 年 7 月 4 日。

16. 姜振军：《中俄共同建设"一带一路"与双边经贸合作研究》，《俄罗斯东欧中亚研究》2015 年第 4 期。

17. 李汉君：《中俄贸易商品结构存在的问题与优化》，《对外经贸实务》2010 年第 8 期。

18. 李菁：《中俄农业合作发展前景》，《经济研究导刊》2018 年第 36 期。

19. 李睿思：《"一带一路"背景下我国与俄远东地区农业合作研究》，《北方论丛》2018 年第 3 期。

20. 刘怫翔：《对中俄农业合作中的共识与分歧的研究》，《农业经济》2018年第 8 期。

21. 彭亚骏：《中国东北地区与俄罗斯远东地区农业合作问题研究》，硕士学位论文，东北农业大学，2017。

22. 乔木森：《俄罗斯的农产品和食品市场》，《东欧中亚市场研究》1996 年第 2 期。

23. 屈大磊：《中俄农业经贸互补性合作的战略思路与对策研究》，《农业经济》2016 年第 3 期。

24. 任宏：《气候变化对农业生态的影响》，《农民致富之友》2019 年第 4 期。

25. 任继红：《推进黑龙江省对俄农业合作高质量发展对策研究》，《商业经济》2019 年第 5 期。

26. 沙纯影等：《黑龙江省与俄罗斯农业经贸合作互补性及发展对策分析》，《商业经济》2018 年第 8 期。

27. 万红先、李莉：《中俄贸易商品结构及其影响因素研究》，《国际商务》2011 年第 5 期。

28. 王殿华、黄斗铉：《俄罗斯粮食安全问题与中俄食品贸易》，《俄罗斯中亚东欧市场》2010 年第 12 期。

29. 王健：《中国应对气候变化的环境法问题研究》，硕士学位论文，东北林业大学，2016。

30. 王敏燕：《浅谈粮食安全风险防范——以杭州为例》，《时代金融》2012 年第 2 期下旬刊。

31. 王淑珍、于天祥、奚奇辉：《俄罗斯食品安全法规体系研究》，《检验检疫学刊》2011 年第 2 期。

32. 王永春、王秀东：《改革开放 40 年中国粮食安全国际合作发展及展望》，《农业经济问题》2018 年第 11 期。

33. 肖顺武：《刍议完善我国粮食安全预警机制的三个核心问题》，《改革与战略》2010 年第 10 期。

34. 徐勇：《中国农村研究》，中国社会科学出版社，2009。

35. 许彩慧：《中国粮食安全保障问题研究》，硕士学位论文，中共中央党校，2017。

36. 杨东群等：《粮食减产影响我国粮食安全的分析与政策建议》，《经济学家》2018 年第 12 期。

37. 杨天红：《中俄农业经贸合作问题研究》，硕士学位论文，东北财经大学，2017。

38. 杨志民、刘广利：《不确定性支持向量机——算法及应用》，科学出版社，2012。

39. 姚成胜、朱伟华、黄琳：《中国农业经济发展的区域差异、时空格局演变及其驱动机制分析》，《农业现代化研究》2019 年第 4 期。

40. 翟虎渠等：《中国粮食安全国家战略研究》，中国农业科学技术出版社，2011。

41. 张济路：《中俄农业合作模式研究》，硕士学位论文，黑龙江大学，2017。

42. 张务锋：《着力提高国家粮食和物资储备安全保障水平》，《经济日报》2018 年 12 月 20 日。

43. 张晓山：《"入世"十年：中国农业发展的回顾与展望》，《学习与探索》2012 年第 1 期。

44. 赵厚福：《促进中俄农业经贸发展的新思路》，《中国物流与采购》2019 年第 6 期。

45. 郑少华：《新形势下的我国粮食安全问题研究》，《湘潮》（下半月）2012 年第 1 期。

46. 周瑜：《中国东北地区与俄远东地区空间经济联系、地缘经济关系与经贸合作》，博士学位论文，东北财经大学，2017。

47. Анализ проблем продовольственного обеспечения в мировой экономике. https：//studwood. ru/919451/ekonomika/analiz_ problem_ prodovolstvenno go_ obespecheniya.

48. Доктрина продовольственной безопасности Российской Федерации （утв. Указом Президента РФ от 30января2010г. N120）. http：//base. garant. ru/ 12172719/#ixzz3Gwidhh4q. http：//base. garant. ru/12172719/#ixzz3Gwja89Ss.

49. Жак Диуф. Продовольственная безопасность в мире. https：//interaffairs. ru/ jauthor/material/66.

50. Импорт продуктов сельского хозяйства. Как в России менялась зави симость от импортного продовольствия за последние 13лет. http：// www. online812. ru/2014/08/07/002/.

51. Индекс продовольственной безопасности стран мира. https：//gtmarket. ru/ratings/global – food – security – index/info.

52. Стратегия развития пищевой и перерабатывающей промышленности РФ на период до 2020г. （утв. распоряжением Правительства РФ от 17апреля 2012г. №559 – р.）. http：//www. garant. ru/products/ipo/prime/ doc/70067828/.

53. Проблемы продовольсьвенной безопасности в России. http：//knowledge. allbest. ru/economy. html.

54. Прогнозы на экспорт зерна из России в ближайшем будущем. https：// vvs – info. ru/rossii/.

55. Российские реформы в цифрах и фактах. http：//kaivg. narod. ru.

56. Россия потеряла половину от ввоза продовольствия, но поверила в импортозамещение. http：//tass. ru/ekonomika/2173548.

57. Россия готовится сдать в аренду иностранцам земли на Дальнем Востоке – по 50рублей за гектар. 27. 01. 2012, Независимость.

58. Сущность и содержание процесса обеспечения продовольственной безопасности России. http：//www. moluch. ru/archive/37/4288/.

59. Топ – 25продуктов, которые мы импортируем. Россию кормят на $ 23млрд. https：//www. agroinvestor. ru/rating/article/30319 – top – 25 – produktov – kotorye – my – importiruem/.

60. Федеральный закон о качестве и безопосности пищевых продуктов. http：//www. pediatr – russia. ru/node/128.

61. Федеральный закон о развитии сельского хозяйства. http：//docs. cntd. ru/ document/90202178.

62. Федеральный закон о качестве и безопасности пищевых продуктов (2января 2000года N 29 – ФЗ). http：//www. ursn. spb. ru/norm_ docs/ fed_ reg_ laws/fz29/.

63. Экспорт – импорт важнейших товаров за январь – декабрь 2014 года. http：//www. customs. ru/index20495.

64. Экспорт – импорт важнейших товаров за январь – декабрь 2015 года. http：//www. customs. ru/index2. php? option = com_ content&view = article&id = 22570.

65. Экспорт – импорт важнейших товаров за январь – декабрь 2016 года. http：//www. customs. ru/index. php? option = com _ content&id = 24772.

66. Экспорт – импорт РФ за восемь месяцев 2018года. http：//www. tks. ru/ news/nearby/2018/10/04/0006.

67. Экспорт зерна из России： история и современность. https：//vvs – info. ru/helpful – informat.

68. Экспорт российского хлеба： динамика роста. http：//xn – 80aplem. xn – p1ai/analytics/Eksport – rossijskogo – hleba – dinamika – rosta/.

中俄在俄罗斯远东地区合作发展规划（2018—2024 年）

2018 年 11 月 7 日，《中俄在俄罗斯远东地区合作发展规划（2018—2024年)》正式获批。

一 序言

中俄全面战略协作伙伴关系迅速、稳定发展，呈现良好发展态势。中国已连续 8 年成为俄罗斯的第一大贸易伙伴。据俄海关统计，2017 年，中俄双边贸易额达 870 亿美元，同比增长 31.5％。基于《中华人民共和国和俄罗斯联邦睦邻友好合作条约》确立的原则，中俄各领域合作持续稳步发展，包括经贸、投资、基础设施建设、能源、高科技、农业、人文等领域。

鉴于远东开发已确定为俄罗斯 21 世纪的优先发展方向，双方认为，在俄罗斯远东地区发展经济贸易和投资合作是双边关系中的重要方向。作为俄罗斯远东地区最大的贸易和投资伙伴国，中国是俄罗斯加快远东地区经济发展的关键合作对象。

在本文件中，中方指中华人民共和国商务部以及经授权支持中国投资者在俄远东地区实施项目的中国组织。俄方指俄罗斯联邦远东发展部以及经授权支持中国投资者在俄远东地区实施项目的俄联邦组织。

二 俄罗斯远东地区发展优势

俄远东地区是快速发展的亚太地区的一部分，地理上比俄其他地区更接近中国，与黑龙江省和吉林省毗邻。

据俄方统计，俄远东地区分布着亚太地区规模最大的煤矿、锡矿和世界级的大型多金属矿，以及占整个亚太地区81%的钻石储量、51%的森林资源、37%的淡水资源、33%的水生生物资源，还有32%的黄金储量、27%的天然气储量和17%的石油储量。远东地区是石油和天然气开采中心，正在形成全球性的石油化工中心，液化天然气出口量约占液化天然气国际市场份额的5%。

远东地区森林的设计年采伐量为9380万立方米木材，目前的采伐水平为17.4%。远东地区还拥有丰富的农业资源，包括250万公顷耕地以及超过400万公顷的牧场和草场，远东南部地区的植物生长期为130～200天。

远东地区是欧亚交通走廊中的重要一环，是俄最大铁路干线西伯利亚大铁路及贝阿铁路的起始端，合计运输能力超过1亿吨，并将在2020年前再提高6500万吨。远东地区海岸分布着29个海港，其中包括符拉迪沃斯托克、纳霍德卡、东方、瓦尼诺、苏维埃港等大型海港，上述港口占俄港口货物吞吐量的1/4。通过远东地区有一条从亚洲到欧洲的最短航道，途经北冰洋海域。据俄专家估计，2050年后船只可在不采取抗冰加强措施的情况下实现该航道的全年通航。目前该航道在东北亚货物运输中已具备一定竞争力。俄方计划对该航道基础设施进行现代化改造，逐年提升运量，至2024年提高至8000万吨。这将较中国与欧洲间经苏伊士运河的货运时间有所缩短，也将提升俄北极项目的吸引力。

远东地区还有俄最大的航空和船舶制造中心。阿穆尔河畔共青城正在实施苏霍伊超级100型短途客机组装。远东地区有23家船舶制造企业，目前正在实施的最大项目是位于滨海边疆区巨石市的"红星"造船综合体。该项目竣工后，将能够建造载重量达25万吨的油轮，以及各类冰级船和海上平台配件。

俄方正在实施一系列优惠政策，旨在通过建立良好的营商环境，为俄罗斯及外国投资者提供在全俄乃至亚太地区有竞争力的税收和行政优惠政策，提升远东地区的国际竞争力。

三 俄远东地区支持外国投资者的国家政策，以及为中国投资者提供的机遇

（一）俄方在俄罗斯远东地区实施特殊的国家政策，旨在提高外商投资项目的收益率，降低项目风险。通过设立和发展跨越式发展区、符拉迪沃斯托克自由港，向投资者提供基础设施建设资助，并借鉴国际先进经验采取其他措施支持外商投资。

（二）远东地区已设立了 18 个跨越式发展区，为投资者发展新产业提供独立平台。由国家出资在区内为投资者修建必要的基础设施，以简化方式提供税收优惠和必要的行政服务。在跨越式发展区内，对俄和外国投资者提供以下优惠政策：

——自开始盈利起 5 年内，企业利润税为 0%；

——企业头 5 年的财产税和土地税为 0%；

——统一社保费率以 7.6% 取代 30%；

——降低矿产开采税率，10 年内为 0% 到 0.8%；

——采用自由关税区的海关程序；

——加快出口产品增值税退税；

——加快签发建设许可证和项目投运许可证；

——缩短国家环保鉴定期限；

——简化外国公民就业手续；

——采取特殊保护机制，避免检查和监督机构的不合理监督。

（三）俄方建议中国投资者在以下跨越式发展区实施项目：

阿穆尔—兴安岭跨越式发展区（犹太自治州）：与黑龙江跨境铁路桥运输相关的物流项目；

巨石跨越式发展区（滨海边疆区）：与建设俄最大民用船厂红星相关的项目；

山区空气跨越式发展区（萨哈林州）：冬季休闲和豪华旅游项目；

堪察加跨越式发展区（堪察加边疆区）：四季休闲和旅游项目，建造旅游基础设施、交通物流、水产养殖加工项目；

共青城跨越式发展区（哈巴罗夫斯克边疆区）：木材深加工、航空和船舶制造、农业、旅游等；

米哈伊洛夫斯基跨越式发展区（滨海边疆）：生产农业原料、商品和食品项目；

阿穆尔河畔跨越式发展区（阿穆尔州）：与黑龙江跨境公路桥运输相关的物流项目；

自由跨越式发展区（阿穆尔州）：建设亚太地区最大天然气加工厂相关的天然气化工及其配套项目；

别洛戈尔斯克跨越式发展区（阿穆尔州）：生产加工、农产品加工、建材生产、林业加工等项目；

哈巴罗夫斯克跨越式发展区（哈巴罗夫斯克边疆区）：生产技术、农业和物流项目；

南区跨越式发展区（萨哈林州）：渔业资源深加工和物流领域的项目；

南雅库特跨越式发展区〔萨哈（雅库特）共和国〕：大型焦煤矿开发相关的项目；

中国投资者也可研究在其他跨越式发展区和领域实施项目。

（四）如中国投资者计划在远东地区尚未设立跨越式发展区的地点新建项目，俄方将研究扩大某一现行跨越式发展区边界或新设跨越式发展区的可行性。

如中国投资者在俄远东地区的跨越式发展区实施项目需要修建专门的交通、工程或其他基础设施，在不违反俄联邦法律的情况下，俄方将研究国家出资建设相应基础设施的可能性，国家出资额不超过项目投资金额的10%。在俄法律规定条件下，俄方资源可无偿提供给投资者，用于建设其项目所需的基础设施。

（五）俄远东地区已设立符拉迪沃斯托克自由港，是由21个市政区域组成的自由经济区，分布于日本海和鄂霍次克海沿岸的主要港口。中国投资者在符拉迪沃斯托克自由港实施项目，可以得到与跨越式发展区同样的优惠政策，但符拉迪沃斯托克自由港没有由国家出资为投资者修建基础设施的政策。符拉迪沃斯托克自由港政策如下：

——24 小时通关制（个别口岸除外）；

——一站式服务，缩短货物清关时间，货物电子申报；

——简化外国公民入境签证（8 日有效电子签证）；

——"free port"模式，用于存储奢侈品、艺术品、古董。

俄方计划逐步扩大符拉迪沃斯托克自由港区域，将其政策推广至其他有意吸引俄本国和外国投资的周边地区。

（六）俄方欢迎中国投资者在适用符拉迪沃斯托克自由港政策的以下市政地区实施投资项目：

——滨海边疆区的符拉迪沃斯托克、阿尔乔姆、纳霍德卡、乌苏里斯克、哈桑区、纳杰日金区等 10 个地区：海港及无水港、滨海 1 号和 2 号国际交通走廊、面向亚太地区出口的生产企业；

——堪察加边疆区的堪察加 - 彼得罗巴甫洛夫斯克市：渔业深加工、无水港、旅游业，以及供应瓶装饮用水项目；

——哈巴罗夫斯克边疆区的瓦尼诺区和苏维埃港区：海港基础设施、货物转运码头建设、渔业加工等领域项目，以及建立出口导向型产业；

——萨哈林州的科尔萨科夫和乌格列戈尔斯克市：渔业深加工、货物转运码头建设项目。

中国投资者不受上述项目及领域限制。在自由港区内，可以实施俄罗斯法律不禁止的任何投资项目，投资金额在 500 万卢布及以上。

（七）俄方将对中国投资者在跨越式发展区和符拉迪沃斯托克自由港实施的所有项目提供配套服务，以降低项目实施风险，提高收益率。对中国投资者的项目通过统一的信息系统提供服务，该系统由远东吸引投资和出口支持署运营。

（八）俄方将考虑中国投资者对改善跨越式发展区和符拉迪沃斯托克自由港投资环境和业务发展条件提出的建议。俄方已从法律上确定，跨越式发展区和符拉迪沃斯托克自由港区内投资项目头 10 年内税收优惠政策保持不变。

（九）俄方指出，如果在萨哈（雅库特）共和国、楚科奇自治区、马加丹州、萨哈林州、堪察加边疆区实施项目，俄法律规定对投资项目采用不高于俄平均费率的电价。

（十）俄方在法律框架内为中国投资者免费提供大部分远东开发机构的基本服务：

——远东吸引投资和出口支持署：提供投资项目全周期的一站式服务，协助其产品出口；

——远东人力资源开发署：提供人力资源引进服务；

——远东发展集团：提供土地租赁和基础设施接通服务。

四 截至2017年底，俄远东地区对华经贸合作情况中俄双方对在俄远东地区经贸合作发展情况表示满意，认为其是双方合作的典范

据俄方统计，2017 年，中国与俄远东地区间的贸易额达 78 亿美元，同比增长 26.7%。中国是俄远东地区第一大贸易伙伴国。中国自俄远东进口的货物、劳务及服务共计 50 亿美元，同比增长 31.5%。中国对俄远东出口额 27 亿美元，同比增长 18.4%。双方指出，在俄远东地区与中国的贸易结构中，加工程度较低的原料产品占主导地位。

中国投资者已在跨越式发展区和符拉迪沃斯托克自由港内申请实施 32 个投资项目，规划投资 42 亿美元，在各投资国中排名第一。

五 在俄远东地区开展中俄经贸合作的优先领域

（一）天然气与石油化工业

1. 俄方指出，俄远东有俄最大的天然气和石油化工集群，也是亚太地区最大的集群之一，经过确认的俄企业投资额超过 350 亿美元。俄远东地区天然气和石油化工集群的合作优势在于：

——亚太地区最大油气储量（截至 2016 年，已探明石油储量 11 亿吨，天然气 5 万亿立方米，天然气凝析油 2.68 亿吨）；

——干线管道。现行的"东西伯利亚—太平洋"石油管道的泰舍特—斯科沃罗季诺段输送能力将扩大至 8 千万吨/年，斯科沃罗季诺—科兹米诺港口段输送能力扩大至 5 千万吨/年。在建的"西伯利亚力量"天然气管道输送能力达 380 亿立方米/年。"萨哈林—哈巴罗夫斯克—符拉迪沃斯托克"干线管道设计输送能力为 280.4 亿立方米/年；

——拥有原料转运基础设施发达的铁路运输网，其中包括正在扩建的贝阿铁路与西伯利亚铁路干线；

——保证输出至不冻港；

——临近快速发展的亚太地区市场（从远东港口海运不超过 6 天，从中东港口运送需 23 天，从东南亚港口运送需 12 天）；

2. 俄天然气和石油加工领域正在实施的投资项目中，规模最大的项目有：

——俄罗斯天然气工业公司阿穆尔天然气处理厂：氦气年产量为 6 千万立方米，乙烷 250 万吨，丙烷 100 万吨，丁烷 50 万吨，戊烷（乙烷馏分）约 20 万吨；

——"西布尔"集团阿穆尔天然气化工综合体：其热解效率为 150 万 ~ 170 万吨乙烷；

——俄罗斯石油公司东方石化综合体：其石油年处理量为 1200 万吨，石脑油 340 万吨；

——亚马尔液化天然气项目：产能 1750 万吨/年；

——北极液化天然气 2 号项目：产能 2000 万吨/年；

——科兹米诺原油海港：运输能力 3600 万吨/年。

3. 俄方欢迎中方投资者实施以下项目：

——阿穆尔州阿穆尔天然气处理厂附近的聚乙烯与甲醇生产；

——滨海边疆区纳霍德卡矿物肥料厂附近的醋酸生产；

——哈巴罗夫斯克边疆区对二甲苯生产；

——滨海边疆区聚乙烯薄膜生产；

——阿穆尔州聚乙烯管生产；

——滨海边疆区注塑成型塑料产品生产；

——符拉迪沃斯托克自由港组装生产用于制造、储存、运输和卸载液化天然气的设备。俄方将推动落实有利的投资政策和措施，消除中国投资者在远东地区遇到的投资壁垒。

（二）固体矿产

1. 俄方指出，远东地区集中了亚太地区最大的固体矿产储量（含贵金属），开发工作将为地区经济发展奠定基础。俄方计划实现远东地区经济多元化，提高非原材料产业比重，同时继续为固体矿产开发领域的投资项目提供全面支持。

2. 俄方指出，远东地区在固体矿产开发领域的合作优势包括：

——蕴藏巨大的、尚未分配的矿产储量（630 多吨金矿，6000 多吨银，33.7 万吨铜，110 万吨锡，142 亿吨褐煤，79 亿吨石煤，12 亿吨铁矿石，以及 50 多种其他矿物）；

——拥有原料转运基础设施发达的铁路运输网，其中包括正在扩建的贝阿铁路与西伯利亚铁路干线；

——保证输出至不冻港；

——为具体矿物、矿区开发提供国家基础设施建设支持。

3. 俄方欢迎中国投资者根据俄外国投资法和俄矿产资源法在俄远东地区实施以下项目：

——开发萨哈（雅库特）共和国"秋楚斯"金矿；

——开发堪察加地区"库姆洛奇"与"罗德尼科"金矿；

——开发哈巴罗夫斯克边疆区"康德尔"白金矿；

——开发萨哈（雅库特）共和国"丘利马坎"与"杰尼索夫斯基"煤矿；

——开发楚科奇自治区"阿玛姆"煤矿；

——开发滨海边疆区"苏城"煤田；

——开发阿穆尔州库恩—曼尼硫化镍矿；

——开发马加丹州奥罗耶克矿区铜矿；

——开发滨海边疆区的阿达姆索夫煤矿，在纳杰日金区建设煤炭切割和采矿选矿厂；

——开发哈巴罗夫斯克边疆区普拉沃尔米锡矿，建造"诺尼"采矿选矿综合体和采矿选矿厂；

——开发萨哈（雅库特）共和国"季列赫佳赫溪流"锡矿。

4. 双方将通过互联网向中方投资者公布远东地区上述领域相关引资信息和投资推介资料。

（三）运输与物流

1. 双方欢迎联合实施国际运输走廊项目，通过滨海边疆区港口，实施中国东北部省份货物运输，以及一系列跨境界河桥梁建设。

2. 俄方欢迎中方投资者在远东地区实施以下投资项目：

——萨哈（雅库特）共和国勒拿河公路大桥建设工程；

——东方港港口装煤综合体建设工程；

——纳霍德卡海港改造工程；

——雅库茨克国际机场改造工程；

——马加丹国际机场改造工程；

——哈巴罗夫斯克国际机场改造工程；

——滨海边疆区阿尔乔姆市货车生产和配送厂。

（四）农业

1. 俄方指出，俄远东地区在农业领域的合作优势包括：

——土地储备丰富，包括超过 250 万公顷播种面积和 400 万公顷牧草和干草区，可养殖家禽、奶牛和肉牛，种植大豆、玉米、小麦、水稻、大麦和油菜；

——在远东地区种植的农产品为绿色生态产品；

——远东地区化学和矿物肥料使用量大幅低于其他亚太地区国家；

——与俄其他地区相比，远东地区更靠近中国、日本、韩国和东盟国家，这些国家每年粮食进口量超过 2800 亿美元；

——远东地区蔬菜自给率为 58%，谷物为 79%，肉类为 25%，牛奶为 44%，较低的自给率为投资者创造了更多的机会。

2. 据俄方统计，2017 年，远东地区向中国出口的农业原料、货物和粮食总额为 12.7 亿美元。

3. 双方一致认为，扩大远东地区对华出口农业原料、产品和粮食，以及丰富农业深加工产品对华出口是中俄在远东地区经贸合作的优先方向。

4. 双方拟举行系列洽谈，就解决俄远东地区和中国东北地区农业原材料、商品和粮食相互贸易中的疫病管理区域化以及市场准入等问题进行探讨。

5. 双方支持中方企业在俄远东地区开展农业全产业链合作，并将举办系列洽谈，以加大对俄远东地区农业生产投资。

6. 双方支持中方企业在滨海边疆区实施养殖综合体项目，并将在检疫和通关方面提供必要协助。

7. 俄方希望中方投资者在俄远东地区实施以下项目：

——由 Rusagro 与 Mercy Agro 滨海公司参与的滨海边疆区养猪综合体建设工程；

——滨海边疆区本地甜菜制糖业与甘蔗加工厂现代化改造工程；

——一次性储量为万吨的滨海边疆区农产品批发集散中心建设工程。

8. 俄方将根据俄现行法律提供所需土地与融资优惠政策，为中国投资者参与的农业领域项目提供必要保障。

（五）林业

1. 俄方强调，俄远东地区林业加工领域的合作优势包括：

——原木每年允许采伐量为 9380 万立方米，实际采伐量 1640 万立方米，占比为 17.5%；

——林地可以在不通过招标的情况下或按照较低的租赁费率提供给计划进行木材深加工的投资者；

——基础设施发达的铁路网，包括正在扩建的贝阿铁路与西伯利亚铁路；

——俄远东地区距亚太地区国家的距离更近，亚太地区国家每年进口木材超过 200 亿美元；

——俄联邦政府批准了针对远东地区原木出口的新关税政策，鼓励在俄境内进行原木加工。

2. 双方认为，在俄远东地区开展经贸合作的优先方向是增加自远东地区对华木材出口量，增加深加工产品以实现出口产品多元化。

3. 双方将支持两国企业在木材深加工领域开展合作。

4. 俄方欢迎中国投资者在南雅库特、阿穆尔州和萨哈林州建设木材加工综合企业。

（六）水产养殖

1. 俄方表示，俄远东地区在水产养殖领域的合作优势包括：

——日本海和鄂霍次克海南部俄沿岸附近拥有超过 15 万公顷海域闲置并适宜水产养殖；

——该海域拥有亚太地区市场价值高且畅销的水产养殖品种，如海参、扇贝等；

——进行水产养殖的海域将按照透明的电子拍卖程序提供使用；

——提供水产养殖业项目国家支持的专项措施。

2. 双方支持举办俄远东水产养殖合作的系列研讨会。

3. 俄方欢迎中方投资者在俄远东地区实施水产养殖项目，并将对项目提供必要支持。

（七）旅游

1. 俄方表示，2017 年到远东地区的旅游客流超过 600 万人，其中外国游客 86.7 万人，增长速度超过 30%。

2. 俄方表示，远东地区在旅游领域的合作优势包括：

——远东地区是欧洲文化在亚洲的"前哨"，距中国、日本、韩国约 2 小时航程，这些国家每年有 1.7 亿公民出国旅游，消费额超过 2500 亿美元；

——远东地区拥有很多独特的自然和文化历史遗址，吸引着世界各地的游客，包括堪察加的火山和喷泉、萨哈林的山脉、锡霍特山脉的火山奇观、滨海边疆区的海湾和萨哈（雅库特）共和国的"勒拿河柱状岩"自然公园；

——符拉迪沃斯托克自由港执行简化签证入境，可为 18 个国家的公民提供落地 8 天电子签证；

——2022 年底前，俄远东酒店服务业免缴企业利润税。

3. 俄方欢迎中国投资者在远东地区实施旅游合作项目。

4. 双方鼓励为中国公民举办有关使用电子签证制度在内的远东地区旅游宣传活动。

六 俄远东地区中俄战略合作项目和基础设施项目

（一）发展滨海1号、2号国际交通走廊

"滨海 1 号"连接中国黑龙江省与俄滨海边疆区的港口，具体路线为哈尔滨—牡丹江—绥芬河—波格拉尼奇内—乌苏里斯克—符拉迪沃斯托克港/东方港/纳霍德卡港。"滨海 2 号"连接中国吉林省与俄滨海边疆区的扎鲁比诺港，具体路线为长春—吉林—珲春—扎鲁比诺港。

"滨海1号"和"滨海2号"国际交通走廊的开发,对中俄远东地区合作,以及"一带一路"建设与欧亚经济联盟对接合作具有重要意义。

"滨海1号"和"滨海2号"国际交通走廊的开发,基于中俄毗邻地区的大宗货流,通过减少物流费用及降低相关风险的制度安排,增加上述走廊运输效率,属于互利双赢项目。

双方将创造和保持通过滨海边疆区港口转运中国货物的竞争力。

2016~2017年,俄方已经为实现上述目标采取了一系列措施,包括实行符拉迪沃斯托克自由港口岸昼夜工作制、设置单一货物报关管理机构、实行货物电子申报、明确最长等待期限及运输工具海关检查期限等。另外,自中方转口货物集装箱到达地点确定为扎鲁比诺港、波斯耶特港、符拉迪沃斯托克港、东方港及纳霍德卡港。

2017年7月4日,在中俄领导人见证下正式签署了《关于"滨海1号""滨海2号"国际交通走廊共同开发的备忘录》。该文件规定在上述走廊开发框架内,吸引两国企业及金融机构参与实施基础设施项目,相互简化各种程序,减少转口货物报关费用及时间,扩大进出口货物名录。双方将全力落实上述备忘录。

双方将协助中国货物通过"滨海1号"和"滨海2号"国际交通走廊及滨海边疆区港口进行无缝转运,为明确项目建设方案开展可研,并建立统一运营商,向货物转运公司提供一站式服务,明确双方参与项目合作的主要条件等。

中方将鼓励本国企业通过滨海边疆区港口进行货物过境运输,参与项目必要的可研,明确发展"滨海1号""滨海2号"国际交通走廊基础设施的经济效益,俄方责成远东吸引投资和出口支持署作为项目协调单位。

（二）跨境桥梁建设

俄远东四个联邦主体（阿穆尔州、犹太自治州、滨海边疆区及哈巴罗夫斯克边疆区）与中国黑龙江省交界。黑龙江省经济总量大约是全俄经济总量的1/6,人口约4000万。加强远东地区与黑龙江省的互联互通,有助于远东开发最大的邻近销售市场,将为国外游客流入创造有利条件。为发展互联互通将实施以下4个跨境基础设施项目:

1. 俄方将全力确保同江—下列宁斯阔耶铁路桥在 2019 年实现全面运营。双方提出将逐步扩大同江—下列宁斯阔耶铁路桥货运量。双方将研究补充方案，提高其使用效率。双方鼓励中国投资者实施与同江—下列宁斯阔耶铁路桥运营相关的产业和物流投资项目。

2. 双方将全力确保黑河—布拉戈维申斯克公路桥于 2020 年实现全面运营。双方指出，根据特许经营建设黑河—布拉戈维申斯克公路桥项目的模式，可以作为其他跨境基础设施项目实施的典范。双方鼓励中国投资者在产业、物流及旅游业领域实施与黑河—布拉戈维申斯克公路桥运营有关的投资项目。

3. 双方将加快东宁—波尔塔夫卡公路桥政府间建桥协定草案的准备工作。

4. 双方将全力确保黑河—布拉戈维申斯克跨境索道在 2022 年全面实现运营。

（三）黑瞎子岛开发

双方认为，黑瞎子岛是一个独特的区域，可以成为吸引世界各地游客的中心。

双方各自制定黑瞎子岛本方一侧发展方案，并在此基础上探讨岛上基础设施建设对接问题，包括防洪护岸工程。

（四）俄罗斯岛开发

俄方有意将俄罗斯岛开发成为亚太地区的国际科学教育和技术集群，近年来俄方为此提供了以下基础条件，包括建设了现代化的符拉迪沃斯托克国际机场，修建了该岛与符拉迪沃斯托克内陆连接的现代化斜拉桥，在俄东部建设了高等教育机构——远东联邦大学；实行了符拉迪沃斯托克自由港制度，使在岛上开展业务享有商业和行政方面的优惠政策，并可为 18 国公民提供简化的入境签证手续；该岛已成为东方经济论坛等俄远东地区重要国际会议和活动的举办场地；建设了必要的市政基础设施，可满足岛内未来发展需要。

俄方拟于 2018～2019 年制定特殊措施，支持高科技公司将总部或研发机构落户于俄罗斯岛内。俄方将鼓励中国高新技术公司积极探讨在俄罗斯岛内设立总部或研发机构的可能性。俄方将研究为中俄高科技初创企业上岛开展业务提供支持措施。

俄方建议 2018～2019 年，就在远东联邦大学建设中国留学生专用校园开展可行性研究。

七　远东地区中俄经贸合作发展机制

协调俄远东地区中俄经贸合作发展的主要政府间机制是中国东北地区和俄罗斯远东及贝加尔地区政府间合作委员会。

中国东北地区和俄罗斯远东及贝加尔地区政府间合作委员会框架内设立理事会，由中俄相关企业家组成，旨在促进项目实施并为改善俄远东地区投资和营商环境提出建议。

在俄远东地区实施本规划和发展中俄经贸合作，中方由中国商务部具体负责，俄方由俄罗斯远东发展部具体负责。

中国国家开发银行参与规划制定，并对其后续实施提出建议。双方认为，东方经济论坛是中俄在俄远东地区发展经贸合作的重要平台。俄方每年将在东方经济论坛框架内举办中俄经贸合作有关活动。

双方将支持中俄博览会发展，作为加强中俄在俄远东地区经贸合作的平台。

俄方将继续在远东地区举办"中国投资者日"活动。在此期间，中国公司将有机会与负责俄远东发展问题的联邦副总理进行直接对话。中方将为在俄远东地区成功举办"中国投资者日"活动提供协助。

双方商定签署中国商务部和俄罗斯远东发展部关于互设投资促进机构代表处的谅解备忘录。双方在协商一致的情况下，可对本规划进行增补和修订。

双方将就签署其他合作文件保持密切沟通协调。

图书在版编目（CIP）数据

中俄共同保障粮食安全问题研究/姜振军著．－－北
京：社会科学文献出版社，2021.3
ISBN 978 - 7 - 5201 - 7295 - 0

Ⅰ.①中…　Ⅱ.①姜…　Ⅲ.①粮食安全－国际合作－
研究－中国、俄罗斯　Ⅳ.①F326.11 ②F351.261

中国版本图书馆 CIP 数据核字（2020）第 248761 号

中俄共同保障粮食安全问题研究

著　　者／姜振军

出 版 人／王利民
责任编辑／史晓琳
文稿编辑／李帅磊

出　　版／社会科学文献出版社·国际出版分社（010）59367142
　　　　　　地址：北京市北三环中路甲 29 号院华龙大厦　邮编：100029
　　　　　　网址：www.ssap.com.cn
发　　行／市场营销中心（010）59367081　59367083
印　　装／三河市尚艺印装有限公司

规　　格／开 本：787mm × 1092mm　1/16
　　　　　　印 张：12.25　字 数：195 千字
版　　次／2021 年 3 月第 1 版　2021 年 3 月第 1 次印刷
书　　号／ISBN 978 - 7 - 5201 - 7295 - 0
定　　价／98.00 元